# BestMasters

Mit **„BestMasters“** zeichnet Springer die besten Masterarbeiten aus, die an renommierten Hochschulen in Deutschland, Österreich und der Schweiz entstanden sind. Die mit Höchstnote ausgezeichneten Arbeiten wurden durch Gutachter zur Veröffentlichung empfohlen und behandeln aktuelle Themen aus unterschiedlichen Fachgebieten der Naturwissenschaften, Psychologie, Sozialwissenschaften, Technik und Wirtschaftswissenschaften. Die Reihe wendet sich an Praktiker und Wissenschaftler gleichermaßen und soll insbesondere auch Nachwuchswissenschaftlern Orientierung geben.

Springer awards **“BestMasters”** to the best master’s theses which have been completed at renowned Universities in Germany, Austria, and Switzerland. The studies received highest marks and were recommended for publication by supervisors. They address current issues from various fields of research in natural sciences, psychology, social sciences, technology, and economics. The series addresses practitioners as well as scientists and, in particular, offers guidance for early stage researchers.

Patrick Wiest

# Rechtliche Erleichterungen für KMU-Börsengänge

## Analyse des EU-Listing Acts und Zukunftsfinanzierungsgesetzes

Springer Gabler

Patrick Wiest
Wirtschaftsrecht, LL.M.
Frankfurt am Main, Deutschland

Die wissenschaftliche Begleitung erfolgte durch Frau Dr. Carina Koll vom Bundesministerium der Finanzen.
Mein besonderer Dank gilt Frau Dr. Carina Koll vom Bundesministerium der Finanzen für ihre wissenschaftliche Begleitung.

ISSN 2625-3577 ISSN 2625-3615 (electronic)
BestMasters
ISBN 978-3-658-49659-3 ISBN 978-3-658-49660-9 (eBook)
https://doi.org/10.1007/978-3-658-49660-9

Die Deutsche Nationalbibliothek verzeichnet diese Publikation in der Deutschen Nationalbibliografie; detaillierte bibliografische Daten sind im Internet über https://portal.dnb.de abrufbar.



Planung/Lektorat: Karina Kowatsch
Springer Gabler ist ein Imprint der eingetragenen Gesellschaft Springer Fachmedien Wiesbaden GmbH und ist ein Teil von Springer Nature.
Die Anschrift der Gesellschaft ist: Abraham-Lincoln-Str. 46, 65189 Wiesbaden, Germany

## Geleitwort

Gegenstand dieser Arbeit sind aktuelle rechtliche Fragestellungen zu Börsengängen mittelständischer und kleinerer Wachstumsunternehmen in Deutschland. Rechtsreformen des EU-Listing Acts und des Zukunftsfinanzierungsgesetzes werden de lege lata einer Wirkungsprüfung unterzogen. Damit leistet die Arbeit einen praxisorientierten Beitrag zur Stärkung des Finanz- und Wirtschaftsstandorts.

**Eine Stimme aus der Wirtschaft:**

„Börse und KMU sind kein Widerspruch. Im Gegenteil: Börsengänge bieten wachstumsorientierten Unternehmen wichtige Chancen bei Expansion oder Nachfolge. Viele stünden ohne die Finanzierung über den Kapitalmarkt deutlich schlechter da. Damit mehr Unternehmen diesen Weg in Deutschland gehen können, braucht es einen leistungsfähigen und zugänglichen Kapitalmarkt. Die rechtlichen Reformen des EU-Listing Acts und des Zukunftsfinanzierungsgesetzes setzen hierfür wichtige Impulse. Dennoch wünsche ich mir mehr Flexibilität im deutschen Aktienrecht als bisher vorgesehen."

**Dr. Andreas Zanner I Rechtsanwalt I Zanner Advisory**

**Der Autor:**

„Die neue US-Administration verstärkt den wirtschaftlichen Wettbewerb und zieht innovative Unternehmen an. Um Europas Position zu sichern, müssen Leistungsfähigkeit und Integration der Kapitalmärkte gestärkt werden. Dafür sind der Abbau regulatorischer Hürden und die Harmonisierung der Rahmenbedingungen zentral. Kapitalmärkte können staatliche Allokationsfunktionen sinnvoll ergänzen, vorausgesetzt die Politik handelt unternehmerfreundlich."

**Patrick Wiest I Wirtschaftsjurist LL.M.**

21. Juni 2025 in Frankfurt am Main

## Inhaltsverzeichnis

## Abbildungsverzeichnis



## Abkürzungsverzeichnis

| | |
|---|---|
| AEUV | Vertrag über die Arbeitsweise der Europäischen Union |
| AktG | Aktiengesetz |
| Art. | Artikel |
| BFH | Bundesfinanzhof |
| BGBl. | Bundesgesetzblatt |
| BMAG | Börsenmantelgesellschaft |
| BMAG | Börsenmantelaktiengesellschaft |
| BMF | Bundesministerium der Finanzen |
| BörsG | Börsenmantelaktiengesellschaft |
| BörsZulV | Börsenzulassungs-Verordnung |
| BStBl | Bundessteuerblatt |
| CDU | Christlich Demokratische Union |
| EPA | Europäische Patentamt |
| ESMA | European Securities and Markets Authority |
| ESOP | Employee Stock Option Program |
| EStG | Einkommensteuergesetz |
| EU | Europäische Union |
| EuGH | Gerichtshof der Europäischen Union |
| EUV | Vertrag über die Europäische Union |
| EWR | Europäischer Wirtschaftsraum |
| FDP | Freie Demokratische Partei |
| FoStoG | Fondsstandortgesetz |
| FWB | Frankfurter Wertpapierbörse |
| IPO | Initial Public Offering |
| JOBS Act | Jumpstart Our Business Startups Act |
| KMU | Kleine und mittlere Unternehmen |
| LStDV | Lohnsteuer-Durchführungsverordnung |
| M&A | Mergers and Acquisitions |
| MAD | Marktmissbrauchsrichtlinie |
| MiFID | Markets in Financial Instruments Directive |
| MiFID II | Markets in Financial Instruments Directive II |

| | |
|---|---|
| MTF | Multilateral Trading Facility |
| N.V. | Naamloze Vennootschap |
| OTF | Organized Trading Facility |
| PR | Prospektverordnung |
| ProspektVO | EU-Prospektverordnung (Verordnung (EU) 2017/1129) |
| SE | Societas Europaea |
| SPAC | Special Purpose Acquisition Company |
| SPD | Sozialdemokratische Partei Deutschlands |
| TD | Transparenzrichtlinie |
| USA | Vereinigte Staaten von Amerika |
| USD | US-Dollar |
| VAT | Value-Added Tax |
| VO | Verordnung |
| WpHG | Wertpapierhandelsgesetz |
| WpPG | Wertpapierprospektgesetz |
| WpÜG | Wertpapiererwerbs- und Übernahmegesetz |
| ZuFinG | Zukunftsfinanzierungsgesetz |
| ZuFinG II | Zweites Zukunftsfinanzierungsgesetz |

# 1 Kapitalmarkt zwischen Regulierung und Wachstum: Vermag Deutschland seine Wirtschaftskraft zu entfesseln?

Im Vergleich zu anderen Industrieländern weist Deutschland, relativ zum Bruttoinlandsprodukt (BIP), bekanntlich eine unterdurchschnittliche Marktkapitalisierung auf.[1] Untersuchungen von Oxera[2] zeigen, dass die geringe IPO-Aktivität in Deutschland primär auf die im Verhältnis zur Volkswirtschaft kleinere Größe des Kapitalmarkts zurückzuführen ist. Um diesen strukturellen Nachteil auszugleichen, bedarf es einer signifikanten Erweiterung des Kapitalmarktes, insbesondere für die Unterstützung von Start-ups und kleinen und mittleren Unternehmen (KMU).[3]

Einer Umfrage des Deutschen Aktieninstituts zufolge stellen wirtschaftliche und rechtliche Rahmenbedingungen erhebliche Hindernisse dar, die sowohl die Rechtsform als auch den Finanzierungsort von Unternehmen maßgeblich beeinflussen.[4] Zwar stellt der Kapitalmarkt insbesondere für KMU eine essenzielle Finanzierungsquelle dar, allerdings sieht der Interessenverband Kapitalmarkt KMU diesen Zugang zunehmend durch Bürokratie, hohe Kosten und ungünstige politische Entscheidungen beeinträchtigt.[5]

Daher nimmt der deutsche Kapitalmarkt, trotz Deutschlands Stellung als viertgrößte Volkswirtschaft nach den USA, China und Japan, international nur eine geringe Bedeutung ein.[6] Die Marktkapitalisierung deutscher Unternehmen lag 2022 mit 45,4 % des BIP deutlich unter dem europäischen Durchschnitt, während die USA im Jahr 2022 mit 155 % des BIP die Stärke des eigenen Kapitalmarktes unterstrichen.[7] Dies verdeutlicht Deutschlands ungenutztes ökonomisches Potenzial, das durch umfassende Reformen, insbesondere im Aktienrecht, und die Förderung von Börsengängen besser ausgeschöpft werden könnte.[8]

---

[1] Kaeser, Wie können Börsengänge für Start-ups in Deutschland erleichtert werden?, S.4 f (Online).

[2] Es handelt sich um eine Studie im Auftrag des Bundesministeriums für Wirtschaft und Energie - erstellt durch Oxera und Prof. Dr. Christoph Kaserer: Wie können Börsengänge für Start-ups in Deutschland erleichtert werden? vom 27. September 2021.

[3] Kaeser, Wie können Börsengänge für Start-ups in Deutschland erleichtert werden?, S.43 (Online).

[4] Deutsches Aktieninstitut: Auslandslistings von BioNTech, CureVac & Co., S. 42 (Online).

[5] Interessenverband KMU, Pressemitteilung: „Das Zukunftsfinanzierungsgesetz ist ein erster notwendiger Schritt in die richtige Richtung" (Online).

[6] Botenlänger, Wie der Kapitalmarkt in Deutschland gestärkt werden kann (Online).

[7] World Bank Group, Market capitalization of listed domestic companies (% of GDP) - Germany, United States, World: https://data.worldbank.org/indicator/CM.MKT.LCAP.GD.ZS?end=2022&locations=DE-US-1W&start=1975&view=chart (Online).

[8] Kaeser, Wie können Börsengänge für Start-ups in Deutschland erleichtert werden?, S.1 ff (Online).


P. Wiest, *Rechtliche Erleichterungen für KMU-Börsengänge*, BestMasters,
https://doi.org/10.1007/978-3-658-49660-9_1

Nach der Bundestagswahl 2021 kündigte die Ampel-Regierung im Koalitionsvertrag Maßnahmen an, um Deutschland als Finanz- und Investmentstandort zu stärken und den Zugang zu Kapitalmärkten für aufstrebende KMU zu erleichtern.[9]
Aktuelle Initiativen, wie der EU-Listing Act und das Zukunftsfinanzierungsgesetz (ZufinG)[10], markieren erste Schritte in diese Richtung.

Mit dem EU-Listing Act vom 04. Dezember 2024 und dem ZufinG vom 01. Januar 2024 verfolgt die Politik das Ziel, bessere Rahmenbedingungen für Start-ups, Wachstumsunternehmen sowie KMU zu schaffen. Insbesondere sollen der Börsengang erleichtert und der Zugang zu Eigenkapital verbessert werden, um die kapitalmarktorientierten Finanzierungsmöglichkeiten dieser Unternehmen zu stärken.[11]
Vor diesem Hintergrund stellt sich die Frage, inwieweit die jüngsten finanzmarkt-, gesellschafts- und steuerrechtlichen Reformen auf europäischer und nationaler Ebene tatsächlich dazu beitragen, die Fragmentierung innerhalb des europäischen Finanzmarkts zu überwinden, den Zugang zum Kapitalmarkt zu erleichtern und die Attraktivität des Börsengangs zu steigern. Das Ziel der vorliegenden Arbeit ist es, die Effektivität dieser Reformen zu bewerten und deren Implikationen für die Kapitalmarkteffizienz und Innovationskraft zu untersuchen, um einen kleinen Beitrag zur Steigerung der Wettbewerbsfähigkeit des Finanz- und Industriestandorts Deutschland zu leisten.

Diese Fragestellung untersucht die Wirksamkeit ausgewählter Reformmaßnahmen des EU-Listing Act und des ZufinG in den folgenden Dimensionen:

- **Aufhebung der Fragmentierung:**
  - Vereinheitlichung durch die Änderung der (EU) 2017/1129 (ProspektVO).
- **Erleichterter Börsenzugang für KMU:**
  - Abbau von Kapitalmarkthürden durch niedrigere Marktzugangsvoraussetzungen.

---

[9] Sieh dazu: Randziffern 5723 bis 5730 und Randziffern 5732 bis 5737 des Koalitionsvertrags zwischen der SPD, Bündnis 90/Die Grünen und der FDP.

[10] BGBl. 2023 I Nr. 354 vom 14.12.2023.

[11] siehe Erwägungsgrund 1 der Verordnung (EU) 2024/2809 des Europäischen Parlaments und des Rates vom 23. Oktober 2024.

    - Einführung der Sonderform Börsenmantelgesellschaften (BMAG) im deutschen Recht durch Einführung der §§ 44 ff. BörsG.
- **Attraktivität für Start-ups und Mitarbeiter:**
    - Steuerliche Erleichterungen für Mitarbeiterkapitalbeteiligungen (§ 3 Nr. 39EStG, § 19a EStG.

Zur besseren Bewertung der praktischen Wirksamkeit der vorgenannten Rechtsreformen für begünstigte Unternehmen, wird auch die wirtschaftliche Ausgangslage in Deutschland in der vorliegenden Rechtsanalyse berücksichtigt. Der Verfasser ist der Ansicht, dass Reformempfehlungen im Kapitalmarktrecht stets im wirtschaftlichen Kontext erfolgen müssen, da rechtliche Änderungen nicht zwangsläufig unmittelbar zu einem verbesserten Marktzugang oder stärkerer Marktfinanzierung führen.

## 2 Wirtschaftsanalyse: Börsengänge im internationalen Vergleich und Deutschlands wirtschaftliches Potenzial

### 2.1 Kapitalmärkte im globalen Vergleich und Disparitäten bei Börsengängen

Die Analyse des globalen Börsenmarktes zeigt, wie in der Abbildung 1 ersichtlich, erhebliche Unterschiede in der Bedeutung und Struktur der Kapitalmärkte. Die Marktkapitalisierung der New York Stock Exchange (ca. 25 Billionen USD) und der NASDAQ (ca. 23 Billionen USD) übertrifft die der Deutschen Börse (ca. 2 Billionen Euro) um ein Vielfaches.[12] Auch andere Börsen, wie die Euronext (ca. 7 Billionen USD), die Shanghai Stock Exchange (ca. 6,5 Billionen USD) und die Japan Stock Exchange (ca. 6 Billionen USD), erreichen im Vergleich zu Deutschland eine deutlich größere Kapitalmarktbedeutung, die ihre wirtschaftliche Stärke besser reflektiert.[13] Aus deutscher Sicht ist die Deutsche Börse eine Schlüsselinstitution des europäischen Finanzsystems. Mit rund 90 % des deutschen Börsenumsatzes an der Frankfurter Wertpapierbörse (FWB) gilt sie als nationale Leitbörse.[14]

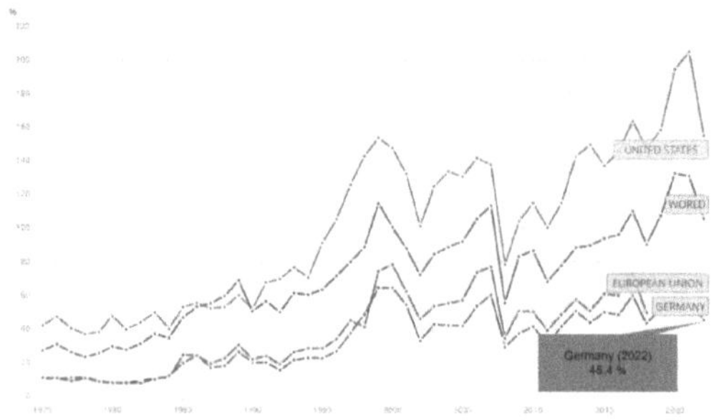


*Abbildung 1:* Market capitalization of listed domestic companies (% of GDP) - Germany, United States, World, European Union (World Bank Group); abrufbar unter: https://data.worldbank.org/indicator/CM.MKT.LCAP.GD.ZS?end=2022&locations=DE-US-1W-EU&start=1975&view=chart (Stand:01.01.2025)

Der Weltbank zufolge sinkt die Anzahl der börsennotierten Unternehmen in Deutschland seit 2007 (761) kontinuierlich auf 429 im Jahr 2022.[15] Im gleichen Zeitraum war die Zahl der gelisteten Unternehmen in den USA um ca. 10

---

[12] World Federation of Exchange, Domestic market capitalisation (USD millions) in: de.statista.com https://de-statista-com.ub-proxy.fernuni-hagen.de/statistik/daten/studie/166142/umfrage/groesste-boersenbetreiber-nach-marktkapitalisierung-gelisteter-unternehmen/ (Online).

[13] World Federation of Exchange, Domestic market capitalisation (USD millions) in: de.statista.com https://de-statista-com.ub-proxy.fernuni-hagen.de/statistik/daten/studie/166142/umfrage/groesste-boersenbetreiber-nach-marktkapitalisierung-gelisteter-unternehmen/ (Online).

[14] Deutsche Börse Group, Die FWB Frankfurter Wertpapierbörse (Online).

[15] World Bank Group, Market capitalization of listed domestic companies (% of GDP) - Germany, United States, World: https://data.worldbank.org/indicator/CM.MKT.LCAP.GD.ZS?end=2022&locations=DE-US-1W&start=1975&view=chart (Online).


P. Wiest, *Rechtliche Erleichterungen für KMU-Börsengänge*, BestMasters, https://doi.org/10.1007/978-3-658-49660-9_2

% deutlich schwächer rückläufig.[16] Während Deutschland 2020 nur neun Börsengänge verzeichnete, lag die weltweite Zahl bei 1.322, darunter zahlreiche in den USA.[17] Ein solcher Rückgang deutet auf strukturelle und regulatorische Probleme hin.

Ein weiterer Vergleich zeigt, dass die Marktkapitalisierung aller börsennotierten Unternehmen in Deutschland im Jahr 2020 nur 59,4 % des BIP entsprach, während sie in den USA in 2022 bei 156,5 % lag.[18]
Die hohe relative Kapitalisierung in den USA spiegelt die Offenheit des dortigen Marktes für neue Geschäftsmodelle und ein tiefes, liquiditätsstarkes Finanzsystem wider. Deutschlands Kapitalmarkt birgt daher ein erhebliches Entwicklungspotenzial – was auch die nachfolgende Wirtschaftsanalyse zeigt.

## 2.2 Wirtschaftliche Ausgangslage Deutschlands

Die wirtschaftliche Leistungsfähigkeit Deutschlands ist eng mit Innovation, Start-ups und Beschäftigung verbunden. Das deutsche Start-up-Ökosystem umfasst über 70.000 Start-ups, mehr als 20 Unicorns und hat alleine im Jahr 2020 rund 415.000 Arbeitsplätze geschaffen.[19] Dennoch bleibt Deutschland hinter führenden Ländern wie den USA zurück: 2023 wurden in Deutschland lediglich 2.489 Start-ups gegründet (5 % der weltweiten Gründungen, Platz fünf), während die USA mit 51 % Start-up-Gründungen in den letzten fünf Jahren klar dominieren.[20] Auch bei Patentanmeldungen führt die USA mit 48.155 Anmeldungen (24 % der EPA-Patente) im Vergleich zu Deutschlands mit knapp 25.000 Patentanmeldungen (2023) beim Europäischen Patentamt (EPA).[21] Trotz Platz neun im Global Innovation Index 2024[22] und einer soliden Ausgangslage besteht hier also noch Verbesserungspotenzial.

---

[16] World Bank Group, Market capitalization of listed domestic companies (% of GDP) (Online).

[17] Köhler, Zahl der Börsengänge 2020 weltweit gestiegen – Deutscher IPO-Markt fällt ab (Online).

[18] World Bank Group, Market capitalization of listed domestic companies (% of GDP) - Germany, United States, World: https://data.worldbank.org/indicator/CM.MKT.LCAP.GD.ZS?end=2022&locations=DE-US-1W&start=1975&view=chart (Online).

[19] GTAI, Deutschlands Start-up Ökosystem (Online).

[20] Startup-Verband (Hrsg.): Next Generation Startup-Neugründungen in Deutschland Januar bis Dezember 2023, S. 2 (Online).

[21] Einbrodt, Deutsche werden wieder erfinderischer – vor allem in drei Bereichen (Online).

[22] Der Global Innovation Index 2024 untersucht 133 Ökonomien weltweit hinsichtlich ihrer Innovationskraft. Dabei wird anhand von 80 ausgewählten Kriterien ein breites Spektrum unterschiedlicher Themenbereiche in den betreffenden Ländern untersucht, um auf Grundlage der Ergebnisse ein Ranking erstellen zu können. Siehe dazu in Statista: Ranking der zehn innovativsten Länder weltweit nach dem Global Innovation Index 2024

Ein wesentlicher Hemmfaktor ist der vergleichsweise kleine vorbörsliche Beteiligungsmarkt. In den USA entfielen 2020 etwa 54 % des weltweiten Wagniskapitals (263 Milliarden USD) auf amerikanische Start-ups, während Europa lediglich 13 % erreichte.[23] Das deutsche Venture-Capital-Volumen lag 2023 bei 2,47 Milliarden Euro.[24] Innerhalb Europas belegt Deutschland damit absolut den zweiten Platz in der Wagniskapitalfinanzierung. Allerdings liegt Deutschland mit einer Wagniskapitalverteilung von 266 USD pro Einwohner nur auf Platz elf.[25]

Das Resultat: Der deutsche Kapitalmarkt nimmt trotz der Stellung Deutschlands als viertgrößte Volkswirtschaft nach den USA, China und Japan international nur eine geringe Bedeutung ein.[26]

## 2.3 Reformansätze und Zukunftsperspektiven

Der Kapitalmarkt stellt für Unternehmen in jeder Größe, insbesondere für KMU, eine essentielle Finanzierungsquelle dar. In Deutschland wird der Zugang jedoch zunehmend durch bürokratische Hürden, hohe Kosten und ungünstige rechtliche Rahmenbedingungen erschwert. Diese Umstände beeinträchtigen die Wettbewerbsfähigkeit[27] und führen häufig zu einer Abwanderung erfolgreicher Unternehmen in ausländische Finanzzentren mit liquideren Kapitalmärkten wie die USA.[28] Alternativ weichen die auf flexiblere Gesellschaftsformen, wie der niederländischen Aktiengesellschaft, aus. Einige Unternehmen verzichten auch gänzlich auf einen Börsengang.[29]

Untersuchungen von Oxera zeigen, dass die geringe IPO-Aktivität in Deutschland auf die im Verhältnis zur Volkswirtschaft kleinere Kapitalmarktgröße zurückzuführen ist. Eine signifikante Erweiterung des Kapitalmarktes ist daher entscheidend, insbesondere zur Förderung von Start-ups und KMU.[30] Das ist auch deshalb wichtig, da laut einer Umfrage des Deutschen Aktieninstituts, wirtschaftliche und rechtliche

---

[23] Deutsches Aktieninstitut: Auslandslistings von BioNTech, CureVac & Co., S. 42 (Online).

[24] BVK (European Data Cooperative),Volumen der Venture Capital-Investitionen in Deutschland von 2015 bis 2023 in: de.statista.com (Online).

[25] Deutsches Aktieninstitut (Hrsg.): Auslandslistings von BioNTech, CureVac & Co., S. 19 (Online).

[26] Botenlänger, Wie der Kapitalmarkt in Deutschland gestärkt werden kann (Online).

[27] Interessenverband KMU, Pressemitteilung: „Das Zukunftsfinanzierungsgesetz ist ein erster notwendiger Schritt in die richtige Richtung“ (Online).

[28] Botenlänger, Wie der Kapitalmarkt in Deutschland gestärkt werden kann (Online).

[29] Deutsches Aktieninstitut, Der Kapitalmarkt in Deutschland wird attraktiver (Online).

[30] Kaserer, Wie können Börsengänge für Start-ups in Deutschland erleichtert werden?, S.43 (Online).

Rahmenbedingungen erhebliche Hindernisse darstellen, die maßgeblich die Wahl der Rechtsform und des Finanzierungsstandorts beeinflussen.[31]

Das seit dem 1. Januar 2024 geltende ZufinG soll die Rahmenbedingungen für Start-ups, Wachstumsunternehmen und KMU verbessern. Das Ziel ist es, die Unternehmensfinanzierung zu stärken und die Wettbewerbsfähigkeit Deutschlands durch einen erleichterten Zugang zu Eigenkapital nachhaltig zu fördern. Zudem unterstützt es den privaten Vermögensaufbau, insbesondere durch Mitarbeiterkapitalbeteiligungen.[32]

Das Gesetz ergänzt die Reformen der Europäischen Kommission, die mit dem EU-Listing Act die Regelwerke für Kapitalmarktzugang und Zulassungsfolgepflichten modernisiert.[33] Beide Initiativen zielen darauf ab, den Kapitalmarktzugang zu erleichtern und die Effizienz der Finanzmärkte national und europäisch zu steigern.[34]

---

[31] Deutsches Aktieninstitut: Auslandslistings von BioNTech, CureVac & Co., S. 42 (Online).

[32] BT-Drs. 20/8292, 1.

[33] Bundesfinanzministerium: Eckpunkte für ein Zukunftsfinanzierungsgesetz, S. 2 (Online).

[34] siehe Erwägungsgrund 1 der Verordnung (EU) 2024/2809 des Europäischen Parlaments und des Rates vom 23. Oktober 2024.

## 3 Rechtsanalyse: Wege zu einem effizienten Kapitalmarkt

In diesem Abschnitt werden die in Abschnitt A II. ausgewählten Reformmaßnahmen zur Förderung des Kapitalmarktzugangs sowie zur Optimierung der Finanzierungsmöglichkeiten für KMU im Kontext des EU-Listing Act und des ZufinG systematisch analysiert und ihre Wirksamkeit kritisch evaluiert.

### 3.1 Aufhebung der Kapitalmarktfragmentierung

Die Europäische Union (EU) strebt mit entsprechenden Regulierungsansätzen an, den Kapitalmarktzugang für KMU zu erleichtern und die Binnenmarktintegration zu fördern. Wichtige Maßnahmen sind die KMU-Wachstumsmärkte (§ 48a BörsG, MiFID II) und die Prospektverordnung (EU) 2017/1129 (ProspektVO), die durch standardisierte Prospekte eine Transparenz schaffen und den Kapitalmarktzugang erleichtern sollen. Denn trotz früherer Reformen, etwa durch die Verordnung (EU) 2019/2115, bleiben Kosten und Komplexität große Hürden bei einem Börsengang.

Im Rahmen der Kapitalmarktunion sollen diese Instrumente den Binnenmarkt stärken, Finanzierungskosten senken und neue Finanzierungswege eröffnen. Ein Vergleich mit dem US-amerikanischen JOBS-Act[35] zeigt jedoch weiteren Handlungsbedarf. Neben diesen Kapitalmarktharmonisierungsinitiativen fördert das Europäische Gesellschaftsrecht die Angleichung durch Rechtsformen wie die Europäische Aktiengesellschaft (SE).[36]

#### 3.1.1 Fragmentierung und Defizite des Kapitalmarkts

##### 3.1.1.1 Auswirkungen auf KMU und Wettbewerbsfähigkeit

Wie bereits festgestellt, verhindern die Fragmentierung und strukturellen Defizite des europäischen Kapitalmarkts eine optimale Nutzung von dessen Potenzial. KMU stoßen auf erhebliche Hindernisse beim Zugang zu Kapital. Dies mindert jedoch nicht nur ihre unternehmerische Wettbewerbsfähigkeit, sondern schwächt auch Europas Position im globalen Wettbewerb.[37]

Ein Blick auf die Zahlen verdeutlicht den Handlungsbedarf: Von den rund 20 Millionen KMU in der EU sind laut Europäischer Kommission lediglich etwa 3.000 börsennotiert. Ursachen hierfür sind hohe Kosten, eine geringe Liquidität sowie die aufwendigen und kostspieligen Anforderungen im Zusammenhang mit Börsengängen und der Nutzung

---

[35] US-amerikanisches Gesetz zur Förderung von Start-ups

[36] Langenbucher, 2022, § 1, Rn. 46.

[37] Sachverständigenrat, Sachgutachten 2023/24, S. 159 (Online).


P. Wiest, *Rechtliche Erleichterungen für KMU-Börsengänge*, BestMasters,
https://doi.org/10.1007/978-3-658-49660-9_3

öffentlicher Märkte. Diese Barrieren machen öffentliche Kapitalmärkte für viele Unternehmen unattraktiv.[38]

#### 3.1.1.2 Potenziale eines integrierten Kapitalmarkts

Dabei bietet der Kapitalmarkt als Teil des EU-Binnenmarkts immense Chancen: Eine stärkere Integration könnte nicht nur größere Diversifikationsmöglichkeiten und niedrigere Kapitalkosten schaffen, sondern auch erhebliche makro- und mikroökonomische Vorteile erzielen. Die Europäische Zentralbank schätzt, dass eine umfassende Kapitalmarktunion jährlich zusätzliche 535 Milliarden Euro an Finanzmitteln mobilisieren und bis zu 4.800 neue Unternehmen schaffen könnte.[39] Besonders die neu an der Börse notierten KMU sind bedeutende Treiber für Investitionen und Beschäftigungswachstum, da sie in diesen Bereichen häufig besser abschneiden als private Unternehmen.[40]

Die Bundesregierung unterstützt daher die Vertiefung der Kapitalmarktunion. Das Ziel ist es, Unternehmen – unabhängig von ihrem Entwicklungsstadium – einen besseren Zugang zu Marktfinanzierungen zu ermöglichen und die Abhängigkeit von klassischen Bankfinanzierungen zu reduzieren.[41]

### 3.1.2 Regulierung und Förderung durch die EU

#### 3.1.2.1 KMU-Wachstumsmärkte: Chancen und Herausforderungen

Eine an die Unternehmensgröße angepasste Regulierung existiert derzeit vor allem im Sonderregime für KMU-Wachstumsmarktmärkte. Der europäische Gesetzgeber hat mit der Richtlinie 2014/65/EU (MiFID II) die Kategorie des „KMU-Wachstumsmarkts" eingeführt.[42] Diese Handelsplattformen im Freiverkehr wurden mit der EU-Richtlinie MiFID II (Art. 33) am 3. Januar 2018 in das nationale Recht überführt (§ 48a BörsG).[43] Dabei müssen mindestens 50 % der Emittenten KMU sein (§ 48a Abs. 1 Nr. 1 BörsG).[44] Das Ziel ist es, KMU den Zugang zu Kapitalmärkten durch reduzierte Bürokratie, geringere Kosten und eine größere Flexibilität zu erleichtern (§ 76 WpHG).[45]

Aufgrund der geringen Akzeptanz vonseiten der Marktteilnehmer hat die Europäische

---

[38] EU-Kommission, Erleichterung der Kapitalmarktfinanzierung für kleinere Unternehmen (Online).

[39] Europäische Zentralbank, Die Kapitalmarktunion neu denken (Online).

[40] EU-Kommission, Erleichterung der Kapitalmarktfinanzierung für kleinere Unternehmen (Online) https://ec.europa.eu/commission/presscorner/detail/de/memo_18_3728

[41] Siehe dazu: Randziffern 5723 bis 5730 des Koalitionsvertrags zwischen der SPD, Bündnis 90/Die Grünen und der FDP

[42] Veil, § 1, Rn. 58.

[43] Börse Frankfurt, KMU-Wachstumsmärkte (Online).

[44] Krimphove/Lüke, Rn. 55.

[45] Krimphove/Lüke, Rn. 55.

Kommission im Jahr 2018 Änderungen vorgeschlagen, die 2019 in der Verordnung (EU) 2019/2115 mündeten. Diese Reform zielt darauf ab, den Verwaltungsaufwand weiter zu reduzieren und die Liquidität auf diesen Märkten zu erhöhen. Dennoch gelten auf regulierten Märkten für KMU weiterhin die gleichen Vorschriften wie für große Unternehmen, was ihr Potenzial begrenzt.[46]

Der deutsche KMU-Wachstumsmarkt „Deutsche Börse Scale“ verzeichnete bis Juli 2021 lediglich 48 Unternehmen. In anderen EU-Ländern ist die Zahl höher, was teilweise auf steuerliche Anreize zurückzuführen ist.[47]

Die Erleichterungen im Freiverkehr sind zudem von der Registrierung als Wachstumsmarkt bei der Börsenaufsichtsbehörde abhängig (§ 48a Abs. 1). Ohne einen Registrierungsantrag verlieren diese ihre Wirksamkeit, was den marktbezogenen Ansatz angreifbar macht.[48]

Trotz der berechtigten Kritik und immerhin schwachen Segmentperformance, folgt der Verfasser dennoch die Auffassung, dass sich der Erfolg des KMU-Wachstumsmarkts nicht nur an der Anzahl der notierten Unternehmen festmachen lässt. Entscheidend ist ein ausbalanciertes Verhältnis zwischen der Qualität des Listings und der vereinfachten Zugangsmöglichkeiten für Emittenten.[49]

Auch ein Rechtsvergleich mit den USA zeigt, dass allgemeine Erleichterungen beim Initial Public Offering, wie die „IPO On-Ramp“ aus dem JOBS-Act, gut mit dem Konzept des KMU-Wachstumsmarkts vereinbar sind.[50]

Somit werden zwar erste gute Initiativen angestoßen, der Zugang zu Kapitalmärkten für KMU bleibt dennoch verbesserungsfähig, was sich auch im weiteren Verlauf der vorliegenden Arbeit zeigt.

#### 3.1.2.2 Die Prospektverordnung (EU) 2017/1129 (ProspektVO): Effizienz und Harmonisierung

Im Zuge der Verabschiedung des EU-Börsennotierungsgesetzes (Listing Act Package) am 8. Oktober 2024 wurde die Verordnung (EU) 2024/2809 zur Änderung der Verordnungen (EU) 2017/1129 veröffentlicht, um den Kapitalzugang für KMU an öffentlichen Kapitalmärkten zu erleichtern.[51]

---

[46] Veil, § 1, Rn. 58.

[47] Börse Frankfurt, Auflistung aller Aktien im Segment Scale (Online).

[48] Veil, § 1, Rn. 58.

[49] Veil, § 7, Rn. 33.

[50] Veil, BKR 2024, 902.

[51] Deutsche Industrie- und Handelskammer, Erleichterter Zugang zur Börse (Online).

Die EU- ProspektVO 2017/1129, die seit dem 20. Juli 2017 in Kraft ist, gehört zum „Aktionsplan zur Schaffung einer Kapitalmarktunion" und regelt gemäß Artikel 1 Abs. 1 ProspektVO die Prospektpflicht für öffentliche Wertpapierangebote (Art. 3 Abs. 1 ProspektVO) sowie deren Zulassung zum Handel an geregelten Märkten (Art. 3 Abs. 3 ProspektVO). Sie umfasst die Erstellung, Billigung und Verbreitung der entsprechenden Prospekte.[52]

Seit dem 21. Juli 2018 gilt gemäß Artikel 1 Abs. 3 EU- ProspektVO keine Prospektpflicht für öffentliche Angebote mit einem Gesamtgegenwert von weniger als 1 Million Euro innerhalb von zwölf Monaten. Abweichungen durch die Mitgliedstaaten sind hierbei ausgeschlossen.[53]

Zusätzlich erlaubt Artikel 3 Abs. 2 EU- ProspektVO den Mitgliedstaaten, unter bestimmten Bedingungen den Schwellenwert auf bis zu 8 Millionen Euro anzuheben. Der deutsche Gesetzgeber hat diese Möglichkeit in § 3 Abs. 2 Nr. 6 des Wertpapierprospektgesetzes (WpPG) umgesetzt.[54] Hierbei gilt jedoch, dass die Erleichterung der Prospektpflicht an weitere Bedingungen geknüpft ist, die sich aus § 4 Abs. 1 WpPG und § 6 WpPG ergeben. Diese betreffen unter anderem die Informationspflichten gegenüber potenziellen Anlegern sowie die Einhaltung von Transparenzvorgaben.[55]

Die derzeitige Regelung der Prospektpflicht mit unterschiedlichen Schwellenwerten führt zu einer Fragmentierung des Rechtsrahmens innerhalb der EU, die insbesondere durch die optionalen Regelungen nach Artikel 3 Abs. 2 EU-ProspektVO zur Uneinheitlichkeit durch nationale Variationen beitragen, da Mitgliedstaaten unterschiedlich von diesen Möglichkeiten Gebrauch machen. Das Ziel der EU ist es, diese Fragmentierung durch die Einführung einer einheitlichen Schwelle systematisch zu harmonisieren. Eine solche Harmonisierung soll die Rechtslage effizienter gestalten, die Prospektkosten senken und die Integration der Kapitalmärkte fördern.[56]

Um die Marktfragmentierung im Rahmen der Prospektpflicht zu reduzieren und gleichzeitig die unterschiedlichen Größenordnungen der nationalen Kapitalmärkte in der Union zu berücksichtigen, ist eine Änderung von Artikel 3 Abs. 2 der ProspektVO

---

[52] Buck-Heeb, Rn. 220.

[53] Buck-Heeb, Rn. 221.

[54] Poelzig, § 11 Rn. 245.

[55] Buck-Heeb, Rn. 229.

[56] siehe Erwägungsgrund 7 und 8 der Verordnung (EU) 2024/2809 des Europäischen Parlaments und des Rates vom 23. Oktober 2024.

vorgesehen.[57] Gemäß des EU-Listing Act Vorschlags der Europäischen Kommission soll aus bislang zwei Schwellen ein einheitlicher Schwellenwert EU-weit gelten.[58] Der Höchstbetrag für prospektfreie öffentliche Angebote wird dabei von 8 Mio. Euro auf 12 Mio. Euro (innerhalb von zwölf Monaten) erhöht, wobei einzelne Mitgliedstaaten eine Begrenzung auf lediglich 5 Mio. Euro festlegen können (Art. 3 Abs. 2a ProspektVO nF).[59] Nationale Veröffentlichungspflichten für Angebote unterhalb dieser Schwelle bleiben grundsätzlich weiterhin zulässig (Art. 3 Abs. 2 Unterabs. 3 des Vorschlags zum EU-Listing Act).[60] Die Autonomie der Mitgliedstaaten bei der nationalen Gesetzgebung soll nicht durch die Verordnung behindert werden.[61] Da der deutsche Gesetzgeber bereits die Höchstgrenze von 8 Mio. EUR übernommen hat, wird er voraussichtlich auch die neue Grenze von 12 Mio. EUR übernehmen. Mit dem niedrigen Schwellenwert kommt diese Reform tatsächlich den KMU zugute.[62]

#### 3.1.2.3 Kapitalmarktunion und Harmonisierung: Europäische Grundfreiheiten als Basis des Kapitalmarktrechts

Das Aktien- und Kapitalmarktrecht ist maßgeblich durch die Vorgaben des Europarechts geprägt. Im Zentrum stehen die im Primärrecht verankerten Grundfreiheiten gemäß den Artikeln 45, 49, 54 sowie 63 und 65 Vertrag über die Arbeitsweise der Europäischen Union (AEUV), welche die Freizügigkeit der Arbeitnehmer, die Niederlassungsfreiheit und den freien Kapitalverkehr innerhalb der EU sicherstellen. Diese Grundfreiheiten bilden die Basis für ein integriertes und effizientes Umfeld auf dem Kapitalmarkt innerhalb der EU.[63]

Das Kapitalmarktrecht selbst stützt sich überwiegend auf europäische Richtlinien und Verordnungen, die sowohl das Markteintritt- als auch das Marktverhaltensrecht regulieren. Hierbei kommt der ProspektVO eine zentrale Rolle zu, da sie die Publikationspflichten für öffentliche Wertpapierangebote und deren Börsenzulassung regelt. Emittenten sind dazu verpflichtet, für öffentliche Angebote oder die Zulassung zum regulierten Markt einen von der nationalen Aufsichtsbehörde gebilligten

---

[57] siehe Erwägungsgrund 8 der Verordnung (EU) 2024/2809 des Europäischen Parlaments und des Rates vom 23. Oktober 2024.

[58] Gumpp, BKR 2023, 84.

[59] Wilhelm, BKR 2024, 747.

[60] Buck-Heeb (2023), Rn. 265.

[61] siehe Erwägungsgrund 8 der Verordnung (EU) 2024/2809 des Europäischen Parlaments und des Rates vom 23. Oktober 2024.

[62] Roedel & Partner, EU Listing Act – Steigerung der Attraktivität des Kapitalmarkts (Online).

[63] Langenbucher, § 1, Rn. 41.

Prospekt vorzulegen, um Transparenz und einen Schutz für Anleger zu gewährleisten.[64]

Das Recht des Primärmarktes wird ebenfalls stark von der ProspektVO geprägt. Als Level-1-Gesetzgebungsakt normiert diese die grundlegenden Anforderungen an die Offenlegung im Rahmen öffentlicher Angebote und Börsenzulassungen. Für den Handel in multilateralen Handelssystemen (MTF) oder Organisierten Handelssystemen (OTF) gilt die ProspektVO hingegen nicht. In diesen Fällen greifen andere Vorschriften, die den spezifischen Anforderungen solcher Handelsplattformen Rechnung tragen.[65]

#### 3.1.2.4 Legitimation und Kompetenzgrundlage der EU

##### 3.1.2.4.1 Legitimation und Kompetenzgrundlage

Das Primärrecht der EU enthält keine ausdrücklichen Vorgaben zu den Zielen des Kapitalmarktrechts. Es wird jedoch unzweifelhaft festgelegt, dass die EU einen Binnenmarkt zu schaffen hat (Art. 3 Abs. 3 EUV).[66]

„Die Integration der nationalen Kapitalmärkte als eines der Ziele des Europäischen Kapitalmarktrechts ist dabei bereits in der Konzeption des EU-Binnenmarktes verankert.“ [67]

Die Regulierung des Kapitalmarktrechts erfordert stets eine rechtliche Grundlage in den europäischen Verträgen (EUV, AEUV),[68] die gemäß Artikel 1 III 1 EUV gemeinsam die primärrechtliche Grundlage der EU bilden.[69] Das EU-Primärrecht ist das ranghöchste Recht der EU.[70] Neben dem Primärrecht, gründet das EU-Recht auf sekundärem und subsidiärem Recht.[71]

Das *Sekundärrecht* besteht (vgl. Art. 288 AEUV) im Wesentlichen aus Verordnungen (Rn. 40 f.) und Richtlinien (Rn. 42 ff.).[72] Das subsidiäre Recht stützt sich auf die

---

[64] Langenbucher, § 1, Rn. 45.

[65] Veil, § 5, Rn. 4.

[66] Veil, § 1, Rn. 6.

[67] Jung in: Jung/Krebs/Stiegler (Hrsg.), Gesellschaftsrecht in Europa, § 34, Rn. 29.

[68] Jung in: Jung/Krebs/Stiegler (Hrsg.), Gesellschaftsrecht in Europa, § 34, Rn. 29.

[69] Krebs/Jung in: Jung/Krebs/Stiegler (Hrsg.), Gesellschaftsrecht in Europa, § 2 Rn. 20.

[70] European Union, https://eur-lex.europa.eu/DE/legal-content/summary/the-european-union-s-primary-law.html (Online).

[71] European Union, https://eur-lex.europa.eu/DE/legal-content/summary/the-european-union-s-primary-law.html (Online).

[72] Krebs/Jung in: Jung/Krebs/Stiegler (Hrsg.), Gesellschaftsrecht in Europa, § 2 Rn. 21.

Rechtsprechung des Gerichtshofs der EU (EuGH) und auf allgemeine Rechtsgrundsätze.[73]

#### 3.1.2.4.2 Artikel 114 AEUV als zentrale Kompetenzgrundlage

Der europäische Gesetzgeber stützt seine Kompetenz zur Regulierung des Kapitalmarktes hauptsächlich auf Artikel 114 AEUV, um durch Rechtsangleichung und -vereinheitlichung einen einheitlichen Binnenmarkt[74] zu fördern.[75]

Die Kritik am großzügigen Gebrauch von Artikel 114 AEUV durch den EuGH[76] sowie an den zusätzlichen Leitlinien und Empfehlungen der Europäischen Wertpapier- und Marktaufsichtsbehörd (ESMA) gemäß Artikel 16 der VO 1095/2010[77] (sog. ESMA-Verordnung)[78] ändert nichts daran, dass die Harmonisierung des Kapitalmarktrechts für den Binnenmarkt unverzichtbar ist. Dies spiegelt einen Paradigmenwechsel hin zu Vollharmonisierung wider.[79]

### 3.1.2.5 Harmonisierung des Kapitalmarktrechts

#### 3.1.2.5.1 Entwicklung der Harmonisierung

In früheren Zeiten war das Kapitalmarktrecht, insbesondere im Rahmen des Lamfalussy-Verfahrens (z. B. Finanzmarktrichtlinie (MiFID), Insider- Geschäfte und Marktmanipulation (MAD a.F.), Transparenzrichtlinie (TD)), vorwiegend durch Richtlinien nach Artikel 288 Abs. 3 AEUV geprägt, die in nationales Recht umzusetzen sind. Heute zeigt sich eine verstärkte Hinwendung zu Verordnungen gemäß Artikel 288 Abs. 2 AEUV, die unmittelbar in allen Mitgliedstaaten gelten.[80] Dies spiegelt den Wunsch nach einer größeren Harmonisierung und einer zügigen Regelung wider.[81] Auch die Ermächtigungen der Kommission für Delegierte und die Durchführungsrechtsakte (Art. 290, 291 AEUV) sowie die technischen Standards und Empfehlungen der Aufsichtsbehörden haben sich vermehrt.[82] Im Kapitalmarktrecht erfolgt (ebenso wie im Gesellschaftsrecht) eine „positive" Harmonisierung durch

---

[73] European Union, https://eur-lex.europa.eu/DE/legal-content/summary/the-european-union-s-primary-law.html (Online).

[74] Siehe dazu: Artikel 26 Abs. 2 AEUV: Der Binnenmarkt umfasst einen Raum ohne Binnengrenzen, in dem der freie Verkehr von Waren, Personen, Dienstleistungen und Kapital gemäß den Bestimmungen der Verträge gewährleistet ist.

[75] Jung in: Jung/Krebs/Stiegler (Hrsg.), Gesellschaftsrecht in Europa, § 34, Rn. 29.

[76] Jung in: Jung/Krebs/Stiegler (Hrsg.), Gesellschaftsrecht in Europa, § 34, Rn. 29.

[77] Nach Artikel 16 der VO 1095/2010 (sog. ESMA-Verordnung).

[78] Veil, BKR 2024, 901.

[79] Stiegel in: Jung/Krebs/Stiegler, Gesellschaftsrecht in Europa, § 34, Rn. 5 f.

[80] Poelzig, § 2, Rn. 53.

[81] Früh in: Mülbert/Früh/Seyfried, Bankrecht und Kapitalmarktrecht, Abschnitt 4, Rn. 1.107.

[82] Früh in: Mülbert/Früh/Seyfried, Bankrecht und Kapitalmarktrecht, Abschnitt 4, Rn. 1.107.

europäisches Sekundärrecht in Form von Richtlinien und Verordnungen sowie eine „negative" Harmonisierung durch die Rechtsprechung des EuGH zur Kapitalverkehrsfreiheit.[83]

#### 3.1.2.5.2 Entwicklung und Fortschritte der Kapitalmarktharmonisierung

Die Harmonisierung des Kapitalmarktrechts in Europa zielt darauf ab, die Kapitalmärkte in die Gesamtstruktur des europäischen Marktes zu integrieren. Dies soll durch die Schaffung eines funktionierenden Binnenmarkts erreicht werden, der zudem den freien Kapitalverkehr gemäß Artikel 63 des AEUV fördert.[84]

Das mitgliedstaatliche Kapitalmarktrecht wird künftig zu über 80 % auf EU-Maßnahmen basieren.[85] Die Bedeutung der nationalen Gesetzgebungen ist unweigerlich rückläufig.[86] Doch trotz der EU-Verordnungsgesetzgebung bleibt das nationale Recht der Mitgliedstaaten wichtig, da EU-Verordnungen oft Regelungsaufträge an die Mitgliedstaaten enthalten. Die Mindestharmonisierung führt zu unterschiedlichen Rechtslagen in den Mitgliedstaaten. Zudem ist das Kapitalmarktprivatrecht nicht harmonisiert.[87] Letzteres ist nicht Gegenstand der vorliegenden Arbeit. Das Kapitalmarktrecht in Europa bleibt trotz unionsrechtlicher Vorgaben auch nationales Recht mit 27 unterschiedlichen Rechtsordnungen.[88] Das langfristige Ziel der ESMA ist ein „Single Rulebook" zur einheitlichen Regelung des europäischen Kapitalmarktrechts.[89]

### 3.1.3 Erste kritische Würdigung und praktische Bewertung

Im Fazit zeigt sich, dass der Listing Act zwar wichtige Schritte hin zu vereinfachten Regelungen für den Kapitalmarktzugang unternimmt, jedoch in Teilen durch unnötige Komplexität und nationale Zersplitterung beeinträchtigt wird. Eine konsequentere Ausrichtung auf die Kapitalmarktunion könnte diese Schwächen beheben.[90] Die Harmonisierung beschränkt sich derzeit weitgehend auf das Aufsichtsrecht, während das Kapitalmarkt-Privatrecht nach wie vor überwiegend in mitgliedstaatlicher Zuständigkeit verbleibt. Da Emittenten und Anleger über nationale Vertrags- und Deliktsrechte interagieren, bleibt ein erheblicher Teil der Marktintegration

[83] Sascha Stiegler in: Jung/Krebs/Stiegler, Gesellschaftsrecht in Europa, § 34 Rn. 4.
[84] Sascha Stiegler in: Jung/Krebs/Stiegler, Gesellschaftsrecht in Europa, § 34 Rn. 4.
[85] Stiegel in: Jung/Krebs/Stiegler, Gesellschaftsrecht in Europa, § 34 Rn. 3.
[86] Poelzig, § 2, Rn. 56.
[87] Veil, § 5 Rn. 1.
[88] Veil, § 5 Rn. 1.
[89] Poelzig, § 2, Rn. 56.
[90] Wilhelm, BKR 2024, 747.

unvollständig. Für eine echte Integration der Wertpapiermärkte in der EU sollte die Kommission die Harmonisierung des Kapitalmarkt-Privatrechts als zentrales rechtspolitisches Ziel der kommenden Dekade verfolgen.[91]

Schätzungen zufolge könnten börsennotierte Unternehmen in der EU durch den EU-Listing Act jährlich rund 100 Millionen Euro einsparen. Allein die vereinfachten Prospektvorschriften sollen Einsparungen von etwa 67 Millionen Euro pro Jahr ermöglichen.[92] Aufgrund dieses erheblichen Einsparpotenzials bewertet auch der Verfasser der vorliegenden Arbeit die Änderungen der Prospektvorschriften auf Unionsebene als einen Schritt in die richtige Richtung.

---

[91] Veil, § 1, Rn. 66.

[92] Roedel & Partner, EU Listing Act – Steigerung der Attraktivität des Kapitalmarkts (Online).

## 3.2 Erleichterung des Kapitalmarktzugangs für KMU

Nachdem im vorherigen Abschnitt die Reduzierung der Fragmentierung auf EU-Ebene behandelt wurde, folgt eine Analyse ausgewählter Maßnahmen des EU-Listing Acts und ZuFinG, die speziell darauf abzielen, Börsengänge für KMU einfacher und wirtschaftlicher zu gestalten.

### 3.2.1 Erleichterung im nationalen Recht: Deutschland

#### 3.2.1.1 Reduzierung der Mindestmarktkapitalisierung (§ 2 Abs. 1 S. 1 der BörsZulV)

Der Gesetzgeber hat im Rahmen des Artikel 4 ZuFinG die Börsenzulassungs-Verordnung (§ 2 Abs. 1 S. 1 BörsZulV a.F.) angepasst und die Mindestkapitalisierung für Börsengänge auf 1.000.000 Euro herabgesetzt. Diese Maßnahme steht im Einklang mit den Zielen des ZuFinG: erleichterter Zugang zu öffentlichen Kapitalmärkten und KMU durch vereinfachte Notierungsvorschriften einen besseren Kapitalzugang zu ermöglichen.[93]

Das Bestreben ist grundsätzlich positiv zu bewerten, jedoch ist die Maßnahme nach Ansicht des Verfassers und des Interessenverbands Kapitalmarkt KMU an sich wenig wirkungsvoll, da die Eigenkapitalhöhe selten das Hauptproblem für Börsengänge ist. Vielmehr erschweren kapitalmarktrechtliche Folgepflichten sowie eine schwache Investorenlandschaft den Zugang. Die Herabsetzung der Marktkapitalisierung dürfte weder Investoreninteressen noch Entscheidungsprozesse der Unternehmensführung wesentlich beeinflussen. Effektiver wäre eine Abschaffung des Mindestnennwerts für Aktien, wie sie in den Niederlanden umgesetzt ist, wo Unternehmen Aktien zu niedrigeren Werten emittieren können.[94]

#### 3.2.1.2 Erweiterte Reform durch Artikel 24 ZufinG II

Der Referentenentwurf des ZufinG II greift diesen Ansatz in Artikel 24 auf: gemäß § 8 Abs. 7 AktG-E soll es möglich sein, den Mindestnennwert von Aktien auf einen Eurocent zu senken. Die Regelung würde auch Stückaktien umfassen, wobei laut § 8 Abs. 7 AktG n.F. die Satzung einen Mindestnennwert von einem Eurocent vorsehen kann.[95]

---

[93] Europäische Kommission, https://ec.europa.eu/info/law/better-regulation/have-your-say/initiatives/13238-Rechtsakt-zur-Borsennotierung-Attraktivere-offentliche-Kapitalmarkte-fur-EU-Unternehmen-und-leichterer-Kapitalzugang-fur-KMU_de (Online).

[94] Kapitalmarkt KMU, Interessenverband Kapitalmarkt KMU diskutiert Auswirkungen des Zukunftsfinanzierungsgesetzes mit Experten des Finanzministeriums (Online).

[95] RefE ZufinG II, S.55

Die geplante Herabsetzung des Mindestnennwerts wird vom Bundesverband Deutsche Startups e.V. als wirkungsvoll bewertet.[96] Sie erhöht die Flexibilität der Kapitalaufnahme, steigert das Handelsvolumen und verbessert die Attraktivität für Privatanleger.[97] Nach Einschätzung des Verfassers stärkt eine solche Anpassung die Wettbewerbsfähigkeit deutscher Unternehmen in Konkurrenz zu Ländern mit liberaleren Aktienrechtsvorschriften, wie den Niederlanden oder den USA mit ihrer hohen Marktliquidität, und könnte den börsenorientierten Kapitalzugang für KMU signifikant fördern. Da nicht nur Start-ups die Möglichkeit hätten, niedrigpreisige Aktien zu emittieren, ist neben einem Anstieg an IPOs eine positive Wirkung auf die KMU-Wachstumsmärkte zu erwarten.

### 3.2.2 Unionsrecht: Der EU-Listing Act zu den formalen Erleichterungen bei Börsengängen

Der EU-Listing Act ändert mit der Verordnung (EU) 2024/2809 die ProspektVO (EU) 2017/1129, um KMU den Kapitalmarktzugang zu erleichtern und die EU-Kapitalmärkte wettbewerbsfähiger zu machen.[98] Die Reform umfasst erweiterte Ausnahmen von der Prospektpflicht, höhere Schwellenwerte für prospektfreie Angebote sowie standardisierte Prospektformate, begrenzt auf 300 DIN-A4-Seiten bei Aktienemissionen. Ein EU-Folgeprospekt reduziert administrative Hürden bei Sekundäremissionen.[99]

Das Ziel ist es, Transparenz zu fördern, Kosten zu senken und Abwanderungen aufgrund geringerer Regulierung zu verhindern. Die Maßnahmen schaffen bessere Rahmenbedingungen für die Erleichterung der Kapitalaufnahme auf europäischen Märkten.[100]

Die unmittelbar geltende EU- ProspektVO von Juni 2017 (ProspektVO) findet im Wesentlichen seit dem 21.07.2019 Anwendung (Art. 49 ProspektVO).
Die Verordnung zielt auf den Anlegerschutz, die Markteffizienz und die Stärkung des Kapitalbinnenmarkts.[101] Dies beinhaltet die Erleichterung des Kapitalmarktzugangs für KMU und durch eine Rechtsangleichung die Entwicklung der europäischen

[96] Startup-Verband, Stellungnahme zum Zweiten Zukunftsfinanzierungsgesetz (ZuFinG II), S. 4 (Online).

[97] Startup-Verband, Stellungnahme zum Zweiten Zukunftsfinanzierungsgesetz (ZuFinG II), S. 4 (Online).

[98] Gumpp, BKR 2023, 84.

[99] Kaeser, EU Listing Act – Gute Nachrichten für Wachstumsunternehmen (Online).

[100] Wilhelm, BKR 2024, 748.

[101] Buck-Heeb, Rn. 219.

Kapitalmarktunion.[102] Die Verordnung harmonisiert die Prospektpflichtschwellen, das Billigungsverfahren und den Prospektinhalt in den Mitgliedsstaaten.[103]

#### 3.2.2.1 Prospektpflichten bei der Finanzierung über den Kapitalmarkt in Deutschland

Die ProspektVO regelt die Erstellung, Billigung und Verbreitung von Prospekten, die bei öffentlichen Angeboten von Wertpapieren (Art. 3 Abs. 1 ProspektVO) oder bei deren Zulassung zum Handel an geregelten Märkten in der EU (Art. 3 Abs. 3 ProspektVO) erforderlich sind (Art. 1 Abs. 1 ProspektVO).[104] Die Prospektpflicht hängt von der Art des vertriebenen Finanzprodukts ab.[105]

Für Aktiengesellschaften, die einen Börsengang in Deutschland planen, ist die ProspektVO maßgeblich, ergänzt durch das Wertpapierprospektgesetz (WpPG).[106] Die Verordnung wird durch delegierte Rechtsakte konkretisiert, während das WpPG ergänzende Vorschriften enthält.[107] Die Pflicht zur Prospekterstellung ergibt sich aus zwei Tatbeständen (Art. 3 ProspektVO):[108]

1. **Börsenzulassung:** Die Prospektpflicht greift bei der Zulassung von Wertpapieren zum geregelten Markt (Art. 3 Abs. 3 ProspektVO; Art. 2 lit. j ProspektVO; § 32 Abs. 3 Nr. 2 BörsG). Der regulierte Markt der Deutschen Börse gilt als geregelter Markt (§ 2 Abs. 11 WpHG).[109]
2. **Öffentliches Angebot:** Sie gilt auch, wenn Wertpapiere öffentlich angeboten werden (Art. 3 Abs. 1 ProspektVO).[110]

Ein Verstoß gegen die Prospektpflicht stellt nach § 24 Abs. 3 Nr. 1 WpPG eine Ordnungswidrigkeit dar und führt zu einer Angebotsuntersagung durch die BaFin (§ 18 Abs. 4 WpPG). Dabei entfalten Widerspruch und Anfechtungsklage keine aufschiebende Wirkung (§ 20 Nr. 1 WpPG). Zudem kann Prospekthaftung drohen.[111]

---

[102] Langenbucher, § 14, Rn. 1.
[103] Buck-Heeb, Rn. 220.
[104] Buck-Heeb, Rn. 220.
[105] Langenbucher, § 14, Rn. 2.
[106] Langenbucher, § 14, Rn. 2.
[107] Buck-Heeb, Rn. 219.
[108] Buck-Heeb, Rn. 221.
[109] Langenbucher, § 14, Rn. 14.
[110] Buck-Heeb, Rn. 221.
[111] Buck-Heeb, Rn. 223.

Die ProspektVO enthält Ausnahmen, um kleinere Emittenten bei der Prospekterstellung zu entlasten, ohne wesentliche Informationen für Anleger zu vernachlässigen.[112] Diese Ausnahmen und die Schwellenwerte der Prospektpflicht sind für Emittenten von großer praktischer Bedeutung.[113]

#### 3.2.2.1.1 Ausnahmetatbestand und Schwellenwerte

Neben den Ausnahmen für bestimmte Arten von Wertpapieren (Art. 1 Abs. 2 ProspektVO) sowie Ausnahmekategorien für bestimmte Arten von öffentlichen Wertpapierangeboten (Art. 1 Abs. 4 ProspektVO) und bestimmte Instrumente (Art. 1 Abs. 5 ProspektVO), existieren darüber hinaus auch Ausnahmen von der Prospektpflicht für öffentliche Angebote im Sinne des Artikel 3 Abs. 1 ProspektVO.[114] Gemäß Artikel 1 Abs. 3 Unterabs. 1 ProspektVO und Artikel 3 Abs. 2 ProspektVO in Verbindung mit § 3 WpPG bestehen Ausnahmen von der Prospektpflicht für Kleinst- und Kleinemissionen.[115] Nach Artikel 1 Abs. 3 ProspektVO sind öffentliche Angebote von Wertpapieren, deren Gesamtgegenwert innerhalb von zwölf Monaten eine Million Euro nicht überschreitet, zwingend von der Prospektpflicht befreit. Abweichende Regelungen durch die Mitgliedstaaten sind hierbei nicht zulässig.

Nur, falls die Mitgliedstaaten dies im nationalen Recht vorsehen, entfällt die Verpflichtung zur Veröffentlichung eines Prospekts gemäß Artikel 3 Abs. 1 der Verordnung (EU) 2017/1129 auch für Angebote von Wertpapieren, deren Gesamtgegenwert im Europäischen Wirtschaftsraum nicht mehr als acht Millionen Euro beträgt, berechnet über einen Zeitraum von zwölf Monaten (Art. 3 Abs. 2 ProspektVO). Der deutsche Gesetzgeber hat diese Möglichkeit in § 3 Nr. 2 WpPG unter bestimmten Bedingungen (§ 4 Abs. 1 WpPG, § 6 WpPG) in nationales Recht umgesetzt.[116]

#### 3.2.2.1.2. Erleichterte Prospektpflicht für KMU

Um KMU den Zugang zu den europäischen Kapitalmärkten zu erleichtern, waren in den Artikeln 14 und 15 der ProspektVO bislang vereinfachte Prospektpflichten im

[112] siehe Erwägungsgrund 33 der Verordnung (EU) 2024/2809 des Europäischen Parlaments und des Rates vom 23. Oktober 2024.

[113] Poelzig, § 11, Rn. 244.

[114] Buck-Heeb, Rn. 221 f.

[115] Poelzig, § 11, Rn. 245.

[116] Buck-Heeb, Rn. 229.

Rahmen der verhältnismäßigen Offenlegungspflicht vorgesehen.[117]
Der EU-Wachstumsprospekt gemäß Artikel 15 ProspektVO erleichterte speziell KMU und Start-ups den Zugang zu KMU-Märkten, wie dem „Scale"-Segment der Frankfurter Börse, durch eine standardisierte und leicht auszufüllende Form (Art. 15 Abs. 1 Unterabs. 2 S. 1 ProspektVO).[118]
Diese Vereinfachung richtete sich gezielt an kleinere Unternehmen und Gründer, um den Einstieg in den Wertpapierhandel zu fördern. Sekundäremissionen von Emittenten, die bereits Transparenzpflichten unterliegen, profitierten gemäß Artikel 14 ProspektVO ebenfalls von reduzierten Prospektanforderungen. Dadurch wurde die Kapitalaufnahme für etablierte Marktteilnehmer erleichtert.[119]
Die Neuerungen des Listing Acts betreffen vor allem Kapitalerhöhungen und Sekundärplatzierungen, die rechtspolitisch jedoch umstritten sind.[120] Sie werden in der vorliegenden Arbeit nur am Rande behandelt. Der Schwerpunkt liegt auf neuen Börsengängen, insbesondere auf Primäremissionen.

###### 3.2.2.1.3 Status quo der Prospektflicht

Zusammenfassend lässt sich feststellen, dass die bestehende Regelung der Prospektpflicht mit zwei Schwellenwerten zu einer Fragmentierung der Rechtslage in der EU führt, die durch nationale Abweichungen verstärkt wird. Die Einführung einer einheitlichen Schwelle soll diese Fragmentierung beheben und die Prospektkosten senken.[121]

Nach Einschätzung des Verfassers stellen die hohen Prospektkosten und der damit verbundene Aufwand ein erhebliches Hindernis für KMU dar, um Börsengänge durchzuführen. Diese Problematik wird durch unterentwickelte Kapitalmärkte in Deutschland zusätzlich verstärkt. Der KMU-Verband kritisiert die hohen Prospektkosten und fordert eine schnelle politische Anpassung, da Börsengänge derzeit mit erheblichen finanziellen und administrativen Hürden verbunden sind.[122]
Trotz Einsparungen durch den EU-Wachstumsprospekt wird dessen Umfang weiterhin

---

[117] Buck-Heeb, Rn. 235.

[118] Buck-Heeb, Rn. 237.

[119] BMF, Die neue europäische Prospekt-Verordnung – ein Ausblick auf die kommenden Änderungen (Online).

[120] Wilhelm, BKR 2024, 750.

[121] siehe Erwägungsgrund 7 und 8 der Verordnung (EU) 2024/2809 des Europäischen Parlaments und des Rates vom 23. Oktober 2024.

[122] Koegler, KMU-Verband kritisiert hohe Prospektkosten (Online).

als zu präskriptiv und dem Standardprospekt als zu ähnlich bewertet, um KMU einen entscheidenden Vorteil zu verschaffen.[123]

#### 3.2.2.2 Einfacher Kapitalmarktzugang für KMU zur Steigerung des Eigenkapitals und KMU-Wachstumsmarkt an den geregelten Markt

Das Primärziel der Reduzierung der Prospektpflicht im Rahmen des EU-Listing Acts ist die erleichterte Kapitalmarktfinanzierung für KMU. In diesem Zuge wurde auch die Erwartung formuliert, dass eine ganze Reihe an KMU den Übergang von den Wachstumsmärkten zu den geregelten Märkten vollziehen könnten.[124]

#### 3.2.2.3 Die prospektrechtlichen Neuregelungen für Eigenkapitalmarkttransaktionen durch den EU-Listing Act

Der Vorschlag des Listing Acts bringt eine strengere Standardisierung des Prospektformats und -inhalts mit sich. Eine zentrale Neuerung ist die Einführung einer vorgegebenen Reihenfolge der Inhalte für Prospekte von Erstemissionen, um die Vergleichbarkeit zwischen verschiedenen Emissionen zu verbessern. Gleichzeitig wird der Umfang der Prospekte auf 300 DIN-A4-Seiten begrenzt (Art. 6 Abs. 4, 5), um den Fokus auf wesentliche Informationen zu lenken. Diese Regelung soll sowohl den Informationsgehalt optimieren als auch unnötigen Verwaltungsaufwand reduzieren.[125]

#### 3.2.2.4 Einführung neuer Prospektformate

Zur weiteren Vereinfachung und Anpassung an die Marktbedürfnisse sollen zwei neue Prospektformate eingeführt werden: der EU-Folgeprospekt und das EU-Wachstumsemissionsdokument. Der bisherige EU-Wachstumsprospekt wird gestrichen und der EU-Wiederaufbauprospekt ist zum Ende des Jahres 2022 ausgelaufen.[126]

##### 3.2.2.4.1 EU-Wachstums-Emissionsprospekt

Der neue EU-Wachstums-Emissionsprospekt gemäß Artikel 15a ProspektVO n.F. ersetzt den bisherigen EU-Wachstumsprospekt (Art. 15 ProspektVO), der wenig Anwendung fand. Der neue Prospekt richtet sich an junge Wachstumsunternehmen und Start-ups und soll durch vereinfachte regulatorische Anforderungen Anreize für Primäremissionen schaffen. Die Zielgruppen sind (a) KMU, deren Aktien (b) an einem KMU-Wachstumsmarkt zugelassen sind oder werden sollen, (c) Unternehmen, deren Emissionsvolumen über 12 Monate unter 50 Mio. EUR liegt, keine Papiere an einem

---

[123] siehe Erwägungsgrund 33 der Verordnung (EU) 2024/2809 des Europäischen Parlaments und des Rates vom 23. Oktober 2024.

[124] Gumpp, BKR 2023, 82.

[125] Wilhelm, BKR 2024, 748.

[126] Gumpp, BKR 2023, 82, 85.

MTF gehandelt werden und im letzten Geschäftsjahr im Durchschnitt maximal 499 Mitarbeiter beschäftigt haben (Art. 15a Abs. 1 UAbs. 1 ProspektVO n.F.). Wichtig: Der Prospekt ist nur für öffentliche Angebote verwendbar, nicht jedoch für die Börsenzulassung an einem EU-regulierten Markt.[127]

Nach Artikel 15a Abs. 5 ProspektVO n.F. darf der Prospekt maximal 75 DIN-A-4-Seiten umfassen, wobei die Zusammenfassung und bestimmte Verweise unberücksichtigt bleiben (Art. 7 Abs. 12a UAbs. 2 und Art. 15a Abs. 6 ProspektVO n.F.). Die inhaltlichen Anforderungen ergeben sich aus den Anhängen VII und VIII der ProspektVO n.F.[128]

##### 3.2.2.4.2 Folgeprospekt

Der EU-Folgeprospekt, eingeführt durch Artikel 14a ProspektVO n.F., ersetzt das bisher selten genutzte vereinfachte Prospektregime für Sekundäremissionen. Er steht Emittenten zur Verfügung, deren Aktien seit mindestens 18 Monaten an einem EU-regulierten Markt oder einem KMU-Wachstumsmarkt gehandelt werden (Art. 14a Abs. 1 UAbs. 1 ProspektVO n.F.). Der Prospekt darf maximal 50 Seiten umfassen (Art. 14a Abs. 5 ProspektVO n.F.) und unterliegt vereinfachten Anforderungen.[129]

Für öffentliche Angebote und bestimmte Börsenzulassungen, wie etwa die Überführung von Aktien von einem KMU-Wachstumsmarkt auf einen EU-regulierten Markt, bietet er eine Alternative zum vollständigen Wertpapierprospekt (Art. 14a Abs. 1 UAbs. 1 lit. c ProspektVO n.F.). Verweise bleiben bei der Seitenzählung unberücksichtigt (Art. 14a Abs. 6 ProspektVO n.F.). Die Prüfungsfrist ist auf sieben Arbeitstage verkürzt, außer bei einem „Uplisting“; hier gelten weiterhin maximal zehn Tage (Art. 20 Abs. 6a ProspektVO n.F.).[130]

##### 3.2.2.4.3 Neue Vorgaben für Prospektformat und Prospektinhalt

Der Listing Act begrenzt die Prospektlänge auf maximal 300 DIN-A4-Seiten (Art. 6 Abs. 4 ProspektVO n.F.), was im Vergleich zu den bisherigen durchschnittlichen Längen von 400 Seiten in der EU bzw. 390 Seiten in Deutschland bemerkenswert ist. Diese Begrenzung wird jedoch durch Ausnahmen relativiert: Informationen aus der Prospektzusammenfassung (Art. 7 ProspektVO), Verweise gemäß Artikel 19

[127] Wilhelm, BKR 2024, 751.

[128] Wilhelm, BKR 2024, 751.

[129] Wilhelm, BKR 2024, 751.

[130] Wilhelm, BKR 2024, 751.

ProspektVO n.F. sowie Pro-Forma-Finanzinformationen und komplexe Finanzhistorien zählen nicht zur Seitenbegrenzung (Art. 6 Abs. 5 ProspektVO n.F.) [131]

Die konkreten Anforderungen an das Prospektformat sind bislang weitgehend offen. Gemäß Artikel 13 Abs. 1 ProspektVO n.F. wird die Europäische Kommission innerhalb von 18 Monaten nach Inkrafttreten eine überarbeitete delegierte Verordnung erlassen, ergänzt durch technische Durchführungsstandards der ESMA, die Muster, Layout, Schriftgröße und stilistische Anforderungen regeln sollen (Art. 6 Abs. 8 ProspektVO n.F.). Zudem sind Leitlinien zur Verständlichkeit und Verwendung einfacher Sprache vorgesehen, um Prospekte präzise, klar und benutzerfreundlich zu gestalten (Art. 6 Abs. 7 ProspektVO n.F.). Neu ist außerdem, dass Diagramme, Grafiken und Tabellen in der Prospektzusammenfassung ausdrücklich erlaubt sein werden (Art. 7 Abs. 3 UAbs. 2 ProspektVO n.F.).[132]

Die ProspektVO vereinfacht den Inhalt der Prospekte, indem historische Finanzinformationen nur noch für die letzten zwei Jahre anstatt für drei Jahre erforderlich sind (Anh. I, Abschn. XI ProspektVO n.F.). Der Abschnitt „Betriebsergebnis und Finanzlage" wird durch den „Lagebericht inklusive Nachhaltigkeitsberichterstattung" ersetzt (Anh. I, Abschn. IV ProspektVO n.F.). ESG-Aspekte werden nun explizit berücksichtigt und Umweltbelange müssen als Risikofaktoren benannt vor diesen gewarnt werden (Art. 7 Abs. 5 UAbs. 2 lit. g ProspektVO n.F.). Zudem entfällt die Pflicht, Risikofaktoren in jeder Kategorie nach ihrer Wichtigkeit zu ordnen; künftig richtet sich die Reihenfolge nach der Einschätzung des Emittenten (Art. 16 Abs. 1 UAbs. 4 S. 2 ProspektVO n.F.).[133]

#### 3.2.2.5 Haftungssicherheit und weitere offene Probleme – ZufinG II

Die geplanten elfseitigen Ersatzdokumente gemäß der ProspektVO sollen nach dem Referentenentwurf für das Haftungsregime eines vollständigen Prospekts unterliegen (§ 9 Abs. 4 WpPG, Artikel 15 Nr. 6). Dies wirft jedoch Fragen hinsichtlich der Angemessenheit auf, da das Haftungsregime ursprünglich für mehrere Hundert Seiten umfassende Prospekte entwickelt wurde. Für kürzere Dokumente wie das Ersatzdokument, den EU-Folgeprospekt (50 Seiten) oder den EU-Wachstumsemissionsprospekt (75 Seiten), ist eine solche Haftung kaum

[131] Wilhelm, BKR 2024, 749.
[132] Wilhelm, BKR 2024, 749.
[133] Wilhelm, 2024, 749.

praktikabel.[134]

Besonders die ESG-spezifischen Vorgaben schaffen neue Haftungsrisiken, da ihre Verbindung zur nationalen Prospekthaftung, etwa den §§ 9 ff. WpPG in Deutschland, unklar bleibt. Dies könnte KMU mehr Hürden als Unterstützung bringen.[135] Eine Haftung dafür, dass alle wesentlichen Informationen vollständig enthalten sind, erscheint bei Dokumenten mit begrenztem Umfang nicht verhältnismäßig. Dies führt zu Rechtsunsicherheiten in Bezug auf die Haftungsrisiken. Um Klarheit zu schaffen, sollte die Haftung an das Konzept des § 11 WpPG angelehnt werden. Dort ist die Haftung auf Fälle beschränkt, in denen ein Wertpapier-Informationsblatt unrichtig, irreführend oder ohne gesetzlich vorgeschriebenen Risikohinweis (§ 4 Abs. 4 WpPG) veröffentlicht wurde. Die Anforderung, „vollständig" zu sein, entfällt. Eine Übertragung dieses Ansatzes auf § 9 Abs. 4 WpPG würde die Haftung für kurze Dokumente eindeutiger und angemessener regeln.[136]

Zeitgleich sieht der Listing Act eine ambitionierte Begrenzung der Prospektlänge auf maximal 300 DIN-A4-Seiten für Aktienemissionen vor, um einer Standardisierung entgegenzukommen. Dies ist bemerkenswert, da eine Untersuchung von Oxera aus dem Jahr 2021 zeigt, dass die durchschnittliche Länge von Prospekten in der EU bisher 400 Seiten betrug.[137] Leider hat der Gesetzgeber dabei versäumt, neben den neuen Form- und Inhaltsvorgaben, die den behördlichen Prüfaufwand für die BaFin durch die verkürzten Prospektlängen reduzieren, auch die Kosten für die Anwender entsprechend anzupassen.

Das Deutsche Aktieninstitut hat zu diesem Punkt bereits Einwände erhoben und kritisiert, dass die einheitlichen Billigungskosten von 16.915 Euro in keiner Weise den unterschiedlichen Prüfungsaufwänden der Prospektformate entsprechen. Vereinfachte Prospektvarianten, wie der EU-Folgeprospekt oder der EU-Wachstumsemissionsprospekt, deren Umfang auf maximal 50 bzw. 75 Seiten beschränkt ist, verursachen deutlich weniger Aufwand als umfangreiche Standard- oder Basisprospekte. Die Praxis der einheitlichen Gebühr steht somit im Widerspruch zu den Zielen des Listing Acts, der Bürokratie abbauen und Kosten senken soll. Das

---

134 Deutsches Aktieninstitut, Zukunftsfinanzierungsgesetz II setzt positive Impulse für den Kapitalmarkt, S. 6 (Online).

135 Wilhelm, BKR 2024, 749.

136 Deutsches Aktieninstitut, Zukunftsfinanzierungsgesetz II setzt positive Impulse für den Kapitalmarkt, S. 6 (Online).

137 Kaserer, Wie können Börsengänge für Start-ups in Deutschland erleichtert werden?, S. 23 (Online).

Deutsche Aktieninstitut fordert daher eine Anpassung der Gebühren an den tatsächlichen Verwaltungsaufwand, um eine gerechtere und effizientere Kostenstruktur zu gewährleisten.[138]

### 3.2.3 Erste kritische Würdigung und praktische Bewertung

Aus Sicht des Verfassers sind die mit dem Listing Act verbundenen Reformen grundsätzlich positiv zu bewerten, insbesondere die Abschaffung des „Mehrschwellenmodells" zugunsten einer einheitlichen europäischen Schwelle und die Erleichterungen bei Sekundäremissionen. Dennoch verbleiben wesentliche Punkte einer kritischen Betrachtung.[139]

Die geplante Begrenzung der Prospektseitenzahl erscheint zunächst sinnvoll zur Vermeidung von übermäßigen Umfängen. Jedoch folgt der Verfasser der Meinung, die Ursache für den umfangreichen Inhalt liege weniger im Fehlen von Seitenbeschränkungen, sondern vielmehr in der Haftungsangst des Prospektpflichtigen. Daher besteht die Gefahr, dass die Maßnahme die eigentliche Problematik nicht löst und neue Unsicherheiten schafft. Für KMU ist es unwahrscheinlich, dass sie auf verkürzte Prospektvarianten setzen, da dies neue Haftungsfragen aufwirft, insbesondere bei freiwilligen Publikationen, wie Angebotsmemoranden, die nicht durch §§ 9 ff. WpPG abgedeckt sind.[140]

Besonders kritisch sieht der Verfasser die ESG-spezifischen Vorgaben, deren unzureichende Verbindung mit nationalen Haftungsregelungen – etwa in Deutschland – zusätzliche Risiken birgt.[141]

Dies könnte KMU, die der Listing Act eigentlich fördern soll, unverhältnismäßig belasten. Auch die unveränderten Prospektkosten trotz geringeren Prüfungsaufwands durch die BaFin stehen im Widerspruch zu den Zielen des Listing Acts zur Reduzierung von Bürokratie und Kosten. Eine Anpassung der Kosten an den tatsächlichen Verwaltungsaufwand wäre hier im Sinne des aequitas – der Gerechtigkeit – wünschenswert.

---

[138] Deutsches Aktieninstitut, Zukunftsfinanzierungsgesetz II setzt positive Impulse für den Kapitalmarkt, S. 8 (Online).

[139] Gumpp, BKR 2023, 86.

[140] Wilhelm, BKR 2024, 752.

[141] Wilhelm, BKR 2024, 749.

Die praktische Umsetzung und die Klärung offener rechtlicher Fragen werden entscheidend sein, um die Ziele des Listing Acts zu erreichen und den Zugang zu den Kapitalmärkten nachhaltig zu erleichtern. Zusammenfassend erkennt der Verfasser an, dass der Listing Act wichtige Schritte für die Vereinfachung unternimmt. Doch bleibt fraglich, ob die Reformen die gewünschte Entlastung bringen oder ob sie insbesondere KMU durch neue Unsicherheiten und Belastungen eher behindern, was sich bildlich als datio panis lapidibus – das Geben von Steinen statt Brot – beschreiben lässt.

### 3.3 Mehr Kapital für Start-ups und KMU

Wie im ersten Kapitel besprochen, erleichtert die Kapitalmarktunion den Zugang zu Marktfinanzierungen und reduziert die Abhängigkeit von Banken. Neu an der Börse notierte KMU fördern Investitionen und Wachstum.[142] Allerdings kämpfen junge Unternehmen oft mit Kapitalbeschaffung und Mitarbeiterbindung.

In der ersten Beratung des Bundestages am 21.09.2023 herrschte Einigkeit zwischen FDP, SPD, Bündnis 90/Die Grünen und der CDU darüber, dass das ZufinG auf SPACs setzt, um Unternehmen schnelle und effiziente Börsengänge zu ermöglichen.[143] Zudem stärkt es die Mitarbeiterkapitalbeteiligung, die Start-ups als Alternative zu hohen Gehältern nutzen, um Talente zu gewinnen und zu binden. Steuerliche Erleichterungen sollen diese Modelle zusätzlich fördern.[144]

#### 3.3.1 Einführung von Börsenmantelaktiengesellschaften nach §§ 44 ff. BörsG

Das ZuFinG, in Kraft seit dem 15.12.2023, ermöglicht die Gründung von Börsenmantelaktiengesellschaften (BMAG), nach dem internationalen Modell der Special Purpose Acquisition Companies (SPACs) künftig nach deutschem Recht. Mit Artikel 11 ZuFinG führt es in einem neuen Abschnitt 4a (Börsenmantelaktiengesellschaft zum Zweck der Börsenzulassung) des Börsengesetzes Regelungen für BMAG ein.[1] Die Einführung der entsprechenden Regelungen in den §§ 44–47b BörsG, die teilweise aktienrechtliche Vorschriften ersetzen, markiert eine bedeutende Neuerung im deutschen Kapitalgesellschaftsrecht.[145]

Die Reform zur Einführung der BMAG in Deutschland zielt darauf ab, die Wettbewerbsfähigkeit des Finanzplatzes Deutschland zu stärken, indem SPACs als kostengünstiges und schnelles Finanzierungsvehikel für Start-ups und Wachstumsunternehmen etabliert werden.[146] Solche Börsengänge sind in Europa bereits verbreitet und erreichten im Jahr 2021 einen Höhepunkt.[147]

##### 3.3.1.1 Wirtschaftliche Ausgangslage auf dem SPAC-Umfeld

In den USA kamen im letzten Jahr 55 % aller Börsengänge über eine SPAC-IPO zustande. Im Rekordjahr 2021 sammelten europäische SPACs. Die Zahl der

---

[142] EU-Kommission, Erleichterung der Kapitalmarktfinanzierung für kleinere Unternehmen (Online).

[143] BT-Plenarprotokoll 20/122, S. 15030, Rn. (D).

[144] BT-Plenarprotokoll 20/122, S. 15026, Rn. (C).

[145] Volkmann, BB 2024, 1227.

[146] Weitzell, NZG 2021, 1145.

[147] Weitzell, NZG 2021, 1145.

europäischen SPACs stieg von zwei im Jahr 2020 auf 34 im Jahr 2021.[148] An der FWB befinden sich derzeit zwölf SPACs im Handel an der Frankfurter Wertpapierbörse – davon acht abgeschlossene.[149] Keines dieser SPACs wurde als deutsches Unternehmen gegründet oder nutzt eine deutsche Unternehmensform.[150]

Indes wird nach einem ersten SPAC-Hype im Jahr 2021 inzwischen mehrheitlich vom Ende der SPAC-Ära gesprochen.[151] Der Rückgang könnte jedoch auch als Zeichen für Marktreife und eine gesunde Marktbereinigung gedeutet werden.[152]

#### 3.3.1.2 Bisherige rechtliche Hürden für ein SPAC nach deutschem Recht

Vor Einführung von Abschnitt 4 im Börsengesetz war das deutsche Aktien- und Kapitalmarktrecht für SPAC-IPOs zu unflexibel, was die Nutzung ausländischer Rechtsformen, wie der luxemburgischen SE oder der niederländischen N.V., erforderte.[153] Die deutschen Kapitalschutzvorschriften und die Satzungsstrenge (§ 23 V AktG) machten Anpassungen im Aktienrecht erforderlich, um zentrale BMAG-Merkmale, wie die Zustimmung der Hauptversammlung zur Akquisition, Managementbeteiligungen, Optionsrechte, Rückübertragungsrechte und die Vermögensverteilung bei gescheiterter Akquisition, zu ermöglichen.[154] Die Einführung des BMAG soll Rechtssicherheit schaffen und die Abwanderung ins Ausland verhindern.[155] Während das deutsche Kapitalmarktrecht keine wesentlichen Hindernisse für SPAC-Strukturen bot, wie beispielsweise die prä-reformatorisch Notierungen von Helikos SE und European CleanTech I SE an der FWB zeigen.[156]

#### 3.3.1.3 Charakter und Aufgabe der BMAG

Die BMAG ist eine Sonderrechtsform der Aktiengesellschaft und stellt eine Sonderkonstellation eines Börsengangs dar.[157]

Eine BMAG gemäß § 44 Abs. 1 Satz 1 BörsG ist eine Gesellschaft, deren Hauptziel die eigene Börsenzulassung und die spätere Übernahme eines nicht börsennotierten

---

148 Berrar/Rauch, SPACs: Von der Mode zur Alternative (Online).

149 Börse Frankfurt, SPACs – alternative Finanzierungs- und Anlageform (Online).

150 Startup Insider, SPACs – der schnelle Weg Richtung Börse für Startups? (Online).

151 FAZ, Führender Spac schließt (Online).

152 Berrar/Rauch, SPACs: Von der Mode zur Alternative (Online).

153 Weitnauer, Teil H, Rn. 185.

154 Harrer in: Habersack/Mülbert/Schlitt, Unternehmensfinanzierung am Kapitalmarkt, Rn. 4.178.

155 Volkmann, BB 2024, 1224.

156 Hell, BKR 2021, 26.

157 Harrer in: Habersack/Mülbert/Schlitt, Unternehmensfinanzierung am Kapitalmarkt, Rn. 4.164.

Unternehmens (Zieltransaktion) ist.

Sie dient ausschließlich der Kapitalbeschaffung und der Vorbereitung von Übernahmen von Unternehmen gemäß den Kriterien des Börsenzulassungsprospekts. Dem Zielunternehmen wird dadurch ein indirekter Börsengang ermöglicht.[158] Die Mantelgesellschaft, die als Börsenhülle für das Zielunternehmen fungiert, verfolgt keinen eigenen operativen Geschäftszweck.[159]

Zum Hauptgegenstand der Gesellschaft gehören gemäß § 44 Abs. 1 Satz 1 BörsG im Wesentlichen drei Punkte:

1. Die Verwaltung des eigenen Vermögens.
2. Die Vorbereitung und Durchführung des eigenen Börsengangs.
3. Die Vorbereitung und der Abschluss der Übernahmetransaktion. Sie muss den im Börsenzulassungsprospekt beschriebenen Kriterien entsprechen und sich auf ein Unternehmen beziehen, das nicht an einer Wertpapierbörse notiert ist (Zieltransaktion).

Gemäß § 44 Abs. 8 BörsG kann auch die Europäische Gesellschaft (SE) als BMAG fungieren.

#### 3.3.1.4 Funktionsweise und Lebenszyklus eines SPAC

1. SPACs werden von erfahrenen Investmentmanagern (Sponsoren) gegründet, deren Reputation und Track Record entscheidend für den Erfolg sind, da sie das Vertrauen proaktiv gewinnen müssen, um ein geeignetes Zielunternehmen zu finden, das mithilfe der SPAC an den Kapitalmarkt gebracht wird.[160]

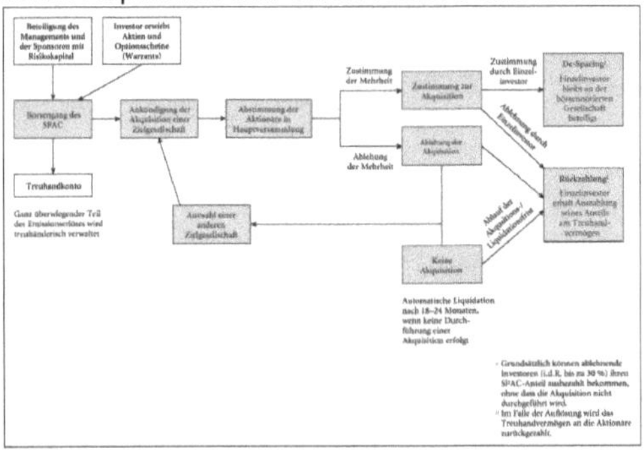


Abbildung 2: Lebenszyklus eines SPACs: Harrer in: Habersack/Mülbert/Schlitt, Unternehmensfinanzierung am Kapitalmarkt, Rn. 4.160.

2. Nach der Gründung erfolgt der Börsengang der SPAC als Mantelgesellschaft ohne operative Tätigkeit im Rahmen eines IPO. Dabei ist

[158] Stark-Watzinger, NZG 2021, 657 f.

[159] Volkmann, BB 2024, 1224.

[160] Hell, 2021, 26.

zum Zeitpunkt des Börsengangs noch kein Zielunternehmen (Target) definiert.[161]

3. Beim IPO werden sogenannte Units ausgegeben, die aus einer Aktie (common stock) und einem Optionsschein (naked warrant) bestehen. Diese Wertpapiere sind nach kurzer Zeit getrennt handelbar.[162]
4. Anschließend beginnt die Suche des Sponsors nach einem Zielunternehmen. Dabei werden die Kriterien wie Größe, Industriezweig und Entwicklungsstand individuell nach der jeweiligen SPAC-Struktur festgelegt.[163]
5. Die geplante Transaktion wird den SPAC-Aktionären zur Abstimmung vorgelegt. Für die Zustimmung ist ein Quorum von mindestens 50 % erforderlich.[164]
6. Nach der Zustimmung tritt die SPAC in den eigentlichen M&A-Prozess ein und vollzieht die Transaktion, häufig in Form einer Verschmelzung (merger). Dieser Teil wird als De-SPAC bezeichnet und ermöglicht es, das Zielunternehmen indirekt an die Börse zu bringen, ähnlich einem reverse merger.[165]
7. Regelmäßig wird lediglich eine Minderheitsbeteiligung am Zielunternehmen angestrebt, da SPACs meist wenig Fremdkapital aufnehmen. Dadurch verbleibt die Kontrolle des Unternehmens auch nach der Transaktion bei den ursprünglichen Gesellschaftern.[166]

#### 3.3.1.5 Rechtliche Rahmenbedingungen

Im Wesentlichen unterliegt die BMAG den kapitalmarkt- und kapitalgesellschaftlichen Bestimmungen. Für die Zulassung ihrer Aktien an der Börse gelten die allgemeinen Vorschriften (Börsenzulassungsverordnung), insbesondere besteht eine Prospektpflicht.

##### 3.3.1.5.1 Kapitalmarktrechtliche Aspekte

Börsenzulassung und Wertpapiere (Kapitalmarktrechtliche Aspekte)

Für einen Börsengang von SPACS kommen Wertpapierbörsen in Europa und den USA in Betracht. In Europa können BMAGs grundsätzlich zum regulierten Markt (in Deutschland: z. B. General und Prime Standard der Frankfurter Wertpapierbörse) und im Freiverkehr (in Deutschland: z. B. KMU-Segment Scale der Frankfurter

---

[161] Hell, 2021, 26.
[162] Hell, BKR 2021, 26.
[163] Hell, BKR 2021, 26.
[164] Hell, BKR 2021, 26.
[165] Hell, BKR 2021, 26.
[166] Hell, BKR 2021, 26.

Wertpapierbörse) zugelassen werden. Zudem ist die Frage des Sitzes des Emittenten entscheidend.[167]

Für die Zulassung zum regulierten Markt gelten Besonderheiten gemäß § 3 BörsZulV. Nach § 3 Abs. 1 BörsZulV muss der Emittent mindestens drei Jahre als Unternehmen bestehen und seine Jahresabschlüsse für die letzten drei Jahre offengelegt haben. Diese Voraussetzung ist bei SPACs aufgrund ihrer Transaktionsstruktur naturgemäß nicht erfüllt.[168]

Allerdings kann gemäß § 3 Abs. 2 BörsZulV die Geschäftsführung auch in Ausnahmefällen Aktien zulassen, wenn dies im Interesse des Emittenten und der Öffentlichkeit ist.[169]

Wertpapierunits

Beim SPAC-IPO erhalten Investoren sogenannte Units, die aus einer Stammaktie (Ordinary Share) und einem Optionsschein (public Warrant) bestehen. Die Warrants ermöglichen es den Investoren, innerhalb eines bestimmten Zeitrahmens (meist vier Jahre), weitere Aktien zu einem festgelegten Preis zu erwerben.[170] Nach Ablauf einer kurzen Frist sind diese getrennt handelbar.[171] Die Deutsche Börse unterscheidet strikt zwischen den anfänglich ausgegebenen Units und den später getrennt handelbaren Aktien und Warrants.[172]

Beide Komponenten der im Rahmen eines BMAG-IPO ausgegebenen Units gelten als Wertpapiere gemäß Artikel 2 lit. a ProspektVO.[173] Mithin gilt für die Börsennotierung einer BMAG die Prospektpflicht (siehe dazu C III. 1. f.).

#### 3.3.1.5.2 Gesellschaftsrechtliche Aspekte

Entstehungsvoraussetzungen der BMAG

Die BMAG ist gemäß § 44 Abs. 1 BörsG eine Aktiengesellschaft mit dem spezifischen Zweck der eigenen Börsenzulassung sowie dem Erwerb eines nicht börsennotierten Unternehmens. Auf diese finden grundsätzlich die Vorschriften für Aktiengesellschaften Anwendung (§ 44 Abs. 7 BörsG), jedoch gelten zusätzliche

---

[167] Harrer in: Habersack/Mülbert/Schlitt, Unternehmensfinanzierung am Kapitalmarkt, Rn. 4.164.

[168] Hell, BKR 2021, 29.

[169] Hell, BKR 2021, 29.

[170] Harrer in: Habersack/Mülbert/Schlitt, Unternehmensfinanzierung am Kapitalmarkt, Rn. 4.167.

[171] Fuhrmann, SPAC-Prospekte in Deutschland und den Niederlanden und das Public Statement der ESMA, S. 395.

[172] Harrer in: Habersack/Mülbert/Schlitt, Unternehmensfinanzierung am Kapitalmarkt, Rn. 4.167.

[173] Fuhrmann, SPAC-Prospekte in Deutschland und den Niederlanden und das Public Statement der ESMA, S. 395.

Sonderregelungen, sofern bestimmte Voraussetzungen erfüllt sind (§§ 44–47b BörsG). Gemäß § 44 Abs. 5 S. 2 BörsG ist für die Firma der Zusatz „Börsenmantelaktiengesellschaft“ oder eine entsprechende Abkürzung verpflichtend.

Die Satzung der BMAG muss laut § 44 Abs. 3 BörsG den Geschäftsgegenstand, eine Befristung von 24 bis 36 Monaten ab Zulassung der Aktien sowie die Möglichkeit einer virtuellen Hauptversammlung nach § 118a AktG vorsehen. Eine Verlängerung der Befristung ist nur einmalig um weitere zwölf Monate durch eine Satzungsänderung möglich.

Besondere Regelungen der BMAG

Der § 45 BörsG regelt die Behandlung von Zahlungen, die der Aktionär im Rahmen der Einlageverpflichtung leistet. Demnach muss das von den Aktionären eingebrachte Eigenkapital der BMAG bis zum Unternehmenserwerb von einem Treuhänder verwahrt werden.

Die Durchführung der Zieltransaktion erfordert gemäß § 46 Abs. 1 und 3 BörsG einen Beschluss der Hauptversammlung der BMAG mit einer Dreiviertelmehrheit des vertretenen Grundkapitals. Indes sind aufgrund ihres wirtschaftlichen Eigeninteresses die Initiatoren bei dieser Abstimmung nicht stimmberechtigt (§ 46 Abs. 3 Satz 3 BörsG).[174]

Der Vorstand hat der Hauptversammlung zusammen mit dem Beschlussvorschlag einen umfassenden Bericht über die Zieltransaktion vorzulegen (§ 46 Abs. 1 S. 4–8 BörsG).[175]

Um den Aktionären eine fundierte Entscheidungsgrundlage zu bieten, muss der Vertrag für die Zieltransaktion gemäß § 46 Abs. 1 BörsG iVm § 179a Abs. 2 AktG allen Aktionären zugänglich gemacht werden. Zudem hat der Vorstand der BMAG einen umfassenden Zieltransaktionsbericht vorzulegen, der die rechtlichen und wirtschaftlichen Aspekte der Transaktion, die Angemessenheit der Gegenleistung im Verhältnis zum Wert der Zielgesellschaft sowie die Vereinbarkeit mit den Kriterien des Börsenzulassungsprospekts detailliert erläutert. Der Bericht erfüllt somit auch Funktionen eines Börsenprospekts nach der ProspektVO oder einer Angebotsunterlage gemäß WpÜG.[176]

---

[174] Harrer in: Habersack/Mülbert/Schlitt, Unternehmensfinanzierung am Kapitalmarkt, Rn. 4.181.

[175] Volkmann, BB 2024, 1224.

[176] Lorenz, DStR 2024, 446.

Aktionäre, die gegen den Beschluss über die Zieltransaktion Widerspruch zur Niederschrift erklärt haben, können gemäß § 47 BörsG innerhalb von zwei Monaten die Übertragung ihrer Aktien auf die Gesellschaft verlangen, wobei die Zahlung der Bareinlage zuzüglich des gezahlten Aufgelds erfolgt (Andienungsrecht). Darüber hinaus können BMAGs nach § 47a BörsG Optionsscheine ausgeben, die sofort und ohne die übliche vierjährige Wartefrist nach § 192 Abs. 2 Nr. 4 AktG ausgeübt werden können.[177]

Die Erfüllung des Andienungsrechts wird nicht durch § 71 Abs. 2 AktG sowie § 57 Abs. 1 und Abs. 2 AktG (Verbot der Einlagenrückgewähr) ausgeschlossen. Gemäß § 47 Abs. 1 BörsG stellt sie keine Leistung dar, die gemäß § 27 Abs. 4 AktG als Rückzahlung der Einlage zu werten wäre.[178]

Auflösung und Liquidation

BMAGs sehen bei Nichtdurchführung eines Erwerbs die Auflösung und Verteilung des Liquidationserlöses an die Aktionäre vor. Bei einer Liquidation nach Zeitablauf gelten die durch das ZufinG I modifizierten Gläubigerschutzvorschriften des § 272 ff. AktG.[179]

§ 47b BörsG regelt die Folgen für die BMAG bei einem erfolgreichen Erwerb der Zielgesellschaft oder bei Fristablauf ohne Erwerb, einschließlich der Auflösung oder Fortführung der Gesellschaft.[180]

Der Ablauf der nach § 44 Abs. 3 BörsG festgelegten Frist führt gemäß § 262 Abs. 1 Nr. 1 AktG zur Auflösung der Gesellschaft und kann einen Widerruf der Börsenzulassung gemäß § 39 Abs. 1 BörsG nach sich ziehen (§ 47b Abs. 1 Satz 1 BörsG).

Dies gilt gemäß § 47b Abs. 1 S. 2 BörsG dann nicht, wenn die Zieltransaktion erfolgreich abgeschlossen und das Andienungsrecht erfüllt wurde, vorausgesetzt, der Wert der erworbenen Vermögenswerte liegt nicht mehr als 20 % unter dem Wert der Einlagen samt Aufgeld.

In diesem Fall wird die Gesellschaft nach Ablauf der Frist gemäß § 44 Abs. 3 BörsG als reguläre Aktiengesellschaft unter den Vorschriften des Aktiengesetzes fortgeführt. Die Sonderregelungen der §§ 44-47b BörsG finden keine Anwendung mehr. Auch ist die Bezeichnung „Börsenmantelaktiengesellschaft“ untersagt.

[177] Lorenz, DStR 2024, 446.

[178] Harrer in: Habersack/Mülbert/Schlitt, Unternehmensfinanzierung am Kapitalmarkt, Rn. 4.183.

[179] Harrer in: Habersack/Mülbert/Schlitt, Unternehmensfinanzierung am Kapitalmarkt, Rn. 4.192.

[180] Lorenz, DStR 2024, 446.

#### 3.3.1.6 Prospektpflicht für BMAGs

Wie zuvor herausgefunden, stellt die Prospektpflicht regelmäßig eine signifikante Hürde für Unternehmen dar, um an die Börse zu gehen.

Demnach muss für eine Bewertung auch ein Blick auf den Umfang der Prospektpflicht für BMAG geworfen werden.

Beide Komponenten der im Rahmen eines BMAG-IPO ausgegebenen Units gelten als Wertpapiere gemäß Artikel 2 lit. a ProspektVO. Mithin ist für die Börsennotierung einer SPAC die Einreichung eines genehmigten Wertpapierprospekts erforderlich (§ 48 Abs. 2 S. 1 BörsZulV). Ein öffentliches Angebot von Wertpapieren ist gemäß Artikel 3 ProspektVO nur dann zulässig, wenn ein solcher Prospekt veröffentlicht wurde.[181] Gemäß Artikel 6 Abs. 1 ProspektVO müssen in einen Prospekt alle Informationen aufgenommen werden, die für den Anleger wesentlich sind. Der gesamte Prospektinhalt soll sich dabei stets nach den Grundsätzen der Vollständigkeit, Objektivität und Klarheit richten.[182]

Die Ausnahme besteht darin, dass SPACs grundsätzlich dem Prospektrecht unterliegen, jedoch eine modifizierte Anwendung erfordern. Da die „SPAC-Gesellschaft" erst kurz vor dem geplanten Börsengang gegründet wurde, müssen anstelle detaillierter Informationen über das operative Geschäft und historische Finanzdaten vor allem die Erwerbsstrategie und die abstrakten Merkmale potenzieller Zielunternehmen beschrieben werden.[183]

Der inhaltliche Umfang eines SPAC-Prospekts, der die Vorlage einer geprüften Eröffnungsbilanz und gegebenenfalls einer Zwischenbilanz beinhaltet, ist aufgrund der reduzierten Finanzinformationen nur etwa halb so groß wie der eines Börsenprospekts für eine Gesellschaft, die bereits seit drei Jahren operativ tätig ist.[184]

Zwar ergibt sich die Pflicht zur Offenlegung der historischen Finanzinformationen der letzten drei Geschäftsjahre auch aus § 3 Abs. 1 BörsZulV. Die Börsengeschäftsführung kann davon aber Ausnahmen zulassen (§ 3 Abs. 2 BörsZulV), was die FWB-Geschäftsführung bei SPACs unter bestimmten Voraussetzungen in der

---

181 Fuhrmann, SPAC-Prospekte in Deutschland und den Niederlanden und das Public Statement der ESMA, S. 395.

182 Bauerschmidt, BKR 2019, 327 f.

183 Koch, BKR 2022, 271.

184 Fuhrmann, SPAC-Prospekte in Deutschland und den Niederlanden und das Public Statement der ESMA, S. 395.

Vergangenheit stets getan hat.[185]

Der Wertpapierprospekt ist das zentrale Dokument eines jeden Börsengangs, so auch bei einem SPAC-IPO.[186]

#### 3.3.1.7 Managementbeteiligung bei der BMAG

Der Erfolg einer SPAC-Transaktion hängt maßgeblich von der Anreizstruktur des Sponsors ab. Dieser erhält keine regelmäßige Vergütung, sondern erwirbt über eine Privatplatzierung IPO-Anteile zu einem niedrigen Nominalwert (founding shares). Nach der Umwandlung und dem Zusammenschluss mit dem Zielunternehmen erhält der Sponsor etwa 20 % des SPAC-Volumens zu einem günstigen Preis. Diese Anteile unterliegen oft einem Lock-up, um langfristige Anreize zu schaffen. Zusätzlich ist der Sponsor über Gründeroptionsscheine (founding warrants) an einem langfristigen Erfolg des Zielunternehmens interessiert.[187]

#### 3.3.1.8 Anlegerschutz bei der BMAG

Für die Sicherheit der Anleger existieren mehrere Mechanismen: die Einlage des SPAC-IPO-Erlöses in ein Treuhandkonto, das Redemption Right, die Ausgabe von "naked warrants" sowie die automatische Liquidierung des SPACs bei Ablauf einer festgelegten Frist ohne erfolgreiche Übernahme.

1. **Treuhandkonto:**

   Gemäß § 45 Abs. 1 BörsG werden die durch das IPO erzielten Gelder treuhänderisch verwahrt, um einen zweckfremden Zugriff zu verhindern. Treuhänder sind gemäß § 45 Abs. 2 Satz 1 BörsG insbesondere Notare oder Kreditinstitute.[188] Diese Regelung sichert die Rückerstattung der Einlagen, falls keine Transaktion erfolgt. Einige ausländische Rechtsordnungen bieten weiterhin flexiblere Strukturen bei einem reduzierten Aktionärsschutz.[189] Allerdings wäre das Risiko ohne den Schutz des SPAC-IPO-Erlöses vor dem Zugriff des Managements zu hoch, das Investment trotz schuldrechtlichem Anspruch nicht zurückzuerhalten, was SPACs unattraktiv machen würde.[190]

---

[185] Fuhrmann, SPAC-Prospekte in Deutschland und den Niederlanden und das Public Statement der ESMA, S. 395.

[186] Bauerschmidt, BKR 2019, 327 f.

[187] Hell, BKR 2021, 28.

[188] Harrer in: Habersack/Mülbert/Schlitt, Unternehmensfinanzierung am Kapitalmarkt, Rn. 4.197.

[189] Harrer in: Habersack/Mülbert/Schlitt, Unternehmensfinanzierung am Kapitalmarkt, Rn. 4.198.

[190] Swalve, NZG 2021, 911.

2. **Mitbestimmung und Redemption Right:**
   Aktionäre müssen der Übernahme eines Zielunternehmens mehrheitlich zustimmen (§ 46 BörsG).[191] Investoren haben zudem ein Redemption Right, das ihnen erlaubt, ihre Anteile zurückzugeben und den ursprünglichen Kaufpreis samt Zinsen zurückzuerhalten, falls sie die Transaktion ablehnen.[192] So werden auch diejenigen Aktionäre geschützt, die gegen diesen Erwerb gestimmt haben.[193] Die naked warrants bleiben dabei erhalten, sodass Anleger weiterhin Aktien zu einem späteren Zeitpunkt erwerben können. Wird das Redemption Right von mehr als 20 bis 30 % der Aktionäre ausgeübt, scheitert die Transaktion.[194] SPACs müssen Aktionären ausreichend Informationen zur Transaktion bereitstellen, um fundierte Entscheidungen zu ermöglichen.[195]
3. **Transaktionszeitpunkt und Liquidation:**
   SPACs haben eine Frist von meist 24 Monaten, um eine Übernahme abzuschließen (§ 48 BörsG). Gelingt dies nicht, wird die Gesellschaft liquidiert und das verbleibende Vermögen an die Aktionäre zurückgezahlt, es sei denn, die Hauptversammlung beschließt eine Verlängerung. Diese Frist schafft Planungssicherheit und einen Ausgleich zwischen Sicherheitsbedürfnissen der Anleger und der unternehmerischen Flexibilität. [196]
4. **Prospektpflicht:**
   Der Emissionsprospekt liefert essentielle Informationen zur Struktur, Strategie und den Risiken der SPAC. Er gewährleistet Transparenz und unterstützt fundierte Anlageentscheidungen.[197]

SPAC-Investments wären ohne klare Rahmenbedingungen wie naked warrants, Optionsrechte oder Rückgabemöglichkeiten sowie ohne zusätzliche Schutzmechanismen risikoreiche Spekulationen und würden kaum Anleger überzeugen.[198]

---

[191] Hell, BKR 2021, 28.
[192] Swalve, NZG 2021, 910.
[193] Hell, BKR 2021, 28.
[194] Hell, BKR 2021, 28.
[195] Hell, BKR 2021, 28.
[196] Hell, BKR 2021, 28.
[197] Hell, BKR 2021, 28.
[198] Swalve, NZG 2021, 911.

#### 3.3.1.9 Vorteile eines SPAC für das Zielunternehmen

SPACs ermöglichen es Zielunternehmen, die Notierung an der Börse auf indirektem Weg und mit reduziertem Aufwand zu erreichen, was besonders für Start-ups eine effiziente Alternative darstellt.[199] Im Gegensatz zum unsicheren Bookbuilding-Verfahren eines klassischen IPO, dessen Preisfindung und Erlöserwartungen stark von den Marktbedingungen beeinflusst wird, erfolgt die Verhandlung über den Aktienpreis bei einer SPAC-Übernahme direkt mit dem Management, was (Preis-) Stabilität und Planbarkeit, unabhängig von der aktuellem Marktsituation schafft.[200] Dies begünstigt insbesondere Unternehmen mit komplexen technischen Produkten, da spezifische Informationen berücksichtigt werden können.[201]
Die vereinfachte Prospektpflicht reduziert den Aufwand und erleichtert zudem den Börsengang über eine Mantelgesellschaft.[202]

Allerdings geht eine SPAC-Transaktion oft mit einer Verwässerung des Zielunternehmens durch Sponsor Promote und Warrants einher.[203] Zudem zeigen Markttrends, dass nicht alle De-SPAC-Transaktionen erfolgreich sind und einige Zielunternehmen nach der Fusion unter ihrem Emissionspreis gehandelt werden.[204] In Anbetracht der aktuellen geopolitischen und makroökonomischen Lage, hat dies die reguläre IPO-Aktivität im regulierten Markt weitgehend zum Stillstand gebracht.[205] Nicht nur deshalb wird hinterfragt, ob angesichts des SPAC-Marktzusammenbruchs im Jahr 2021 und der Möglichkeit, über eine luxemburgische SE oder niederländische N.V. einen Sonderbörsengang durch die BMAG an der deutschen Börse zu vollziehen, notwendig ist, um eine bessere Kapitalversorgung in Deutschland zu gewährleisten.[206] Demgegenüber wird auf die USA verwiesen. Dort sind SPAC-IPO-Strukturen fest etabliert und es werden dadurch häufig auch deutsche Zielunternehmen abgeworben.[207] Es ist ratsam, immerhin gleichwertige Rahmenbedingungen wie der

199 Swalve, NZG 2021, 909.
200 Swalve, NZG 2021, 909.
201 Swalve, NZG 2021, 909.
202 Herzog/Gebhard, NZG 2023, 1055.
203 Strohmeier, Special Purpose Acquisition Companies, 2012, S. 57 f.
204 Startup Insider, SPACs – der schnelle Weg Richtung Börse für Startups? (Online).
205 Kornack/Schnorbus, Prospektrechtliche Anforderungen an SPACs und andere bestimmte Kategorien von Emittenten (Specialist Issuers) 1667 f.
206 Florstedt, NZG 2024, 141.
207 Herzog/Gebhard, NZG 2023, 1056.

internationale Wettbewerb anzunehmen, um mittelfristig nicht den Anschluss als Wirtschaftsnation zu verlieren.

### 3.3.2 Erste kritische Würdigung und praktische Bewertung

SPACs bieten jungen Unternehmen eine Möglichkeit, unabhängig von Marktvolatilität und mit vereinfachten Prospektpflichten an die Börse zu gehen. Dies kann eine wertvolle Unterstützung durch das erfahrene Management der BMAG sein. Doch der Unternehmer hat keinen direkten Einfluss auf den Börsengang, was die Initiative auf den Sponsor beschränkt.

Trotz des Rückgangs des SPAC-Booms seit 2021 bleiben SPACs vor allem in den USA etabliert. In Deutschland sind sie noch wenig verbreitet, jedoch erwartet der Verfasser, dass SPACs nach juristischen Anpassungen ein relevantes Börsenvehikel werden, insbesondere durch das ZuFinG, das die Struktur an internationale Standards anpasst. Langfristig könnte die de-BMAG nach der ersten Findungsphase und erforderlichen Anpassungen etwa 15 % der Börsengänge ausmachen, sofern sich die wirtschaftlichen, rechtlichen und steuerlichen Rahmenbedingungen in Deutschland weiter verbessern.

## 3.4 Mehr Humankapital für Start-ups und KMU

### 3.4.1 Steuerliche Erleichterungen für Mitarbeiterkapitalbeteiligungen (§ 3 Nr. 39 EStG, § 19a EStG)

Mitarbeiterkapitalbeteiligungen (MKB) sind ein vielseitiges Instrument zur Gewinnung, Bindung und Motivation von Mitarbeitern, das angesichts des Fachkräftemangels zunehmend an Bedeutung gewinnt. Sowohl etablierte Unternehmen als auch Start-ups in der Gründungs- und Wachstumsphase nutzen MKB, um Mitarbeiter zu gewinnen und zu motivieren.[208]

Für Start-ups bieten sie eine Möglichkeit, trotz begrenzter finanzieller Mittel, mit attraktiven Vergütungsmodellen zu überzeugen. Börsennotierte Unternehmen und KMU setzen MKB-Modelle zur Mitarbeiterbindung, Vermögensbildung, Abwehr feindlicher Übernahmen und Regelung der Unternehmensnachfolge ein.[209] Die Wirksamkeit solcher Modelle hängt jedoch stark von steuerlichen Rahmenbedingungen ab. Es überrascht nicht, dass das deutsche Steuerrecht im internationalen Vergleich deutliche Defizite aufzeigt.[210] Auch im Bereich der Mitarbeiterbeteiligungsprogramme besteht erheblicher Nachholbedarf. Die steuerrechtlichen Rahmenbedingungen für die MKB werden trotz zuletzt erfolgter Erweiterungen gerade von der Start-up-Branche als zu eng empfunden.[211]

#### 3.4.1.1 Zielsetzung und Notwendigkeit der Regelungen

Vor Einführung des ZuFinG belegte Deutschland im europäischen Vergleich der Rahmenbedingungen für Mitarbeiterbeteiligungsprogramme den letzten Platz. Dies spiegelt sich in der geringen Beteiligungsquote wider: Im Jahr 2015 hatten lediglich 1,7 % der Beschäftigten in deutschen Unternehmen eine Kapitalbeteiligung, was deutlich unter dem europäischen Durchschnitt liegt.[212]

Das könnte auch damit zusammenhängen, dass im gleichen Jahr die Verbreitung der Betriebe mit MKB nur bei 1,31 % lag.[213] Allerdings reicht die Zahl der Betriebe mit einer MKB allein nicht aus, um deren tatsächliche Verbreitung zu beurteilen. Entscheidend ist, wie viele Beschäftigte tatsächlich beteiligt sind. Berechnungen des IAB-

208 Hardeck/Schirmer, Zur Abgrenzung der Einkunftsarten bei Rückflüssen aus Mitarbeiterkapitalbeteiligungen, S. 299.

209 Löw/Daka, BB 2023, 1908.

210 Löw/Daka, BB 2023, 1908.

211 BT-Drucksache 20/8292, 59.

212 Volkmann, BB 2024, 1224.

213 Gunkelmann/Stoewhase, Mitarbeiterkapitalbeteiligungen: Verbreitung und Beteiligungsgrade, S 361.

Betriebspanels zeigen, dass in nur 40 % der beteiligungsbereiten Betriebe alle Mitarbeiter das Angebot nutzen, während in 20 % der Fälle weniger als 10 % der Beschäftigten teilnehmen.[214] Dabei ist die rechtliche Gestaltung dieser MKBs einfach. Die steuerlichen Folgen sind es hingegen nicht.[215]

Mit den durch die Änderung des ZuFinG erzeugten Steuerreformen für Mitarbeiter von Start-ups und KMU, sollen verbesserte steuerliche Rahmenbedingungen für MKBs geschaffen werden, die es einbezogenen Unternehmen erleichtert, Humankapital zu gewinnen und sich besser im internationalen Arbeitsmarkt und dem starken Wettbewerb um Talente zu behaupten.[216]
Über MKBs (im Einkommensteuergesetz als „Vermögensbeteiligungen“ bezeichnet) können die Angestellten unmittelbar am Produktivitätsfortschritt des Unternehmen beteiligt werden. Gleichzeitig werden die Möglichkeiten der Mitarbeitergewinnung und -bindung für die Arbeitgeber verbessert.[217]
Der Verfasser ist überzeugt, dass es unerlässlich ist, Arbeit aus der Perspektive sowohl der Unternehmen als auch der Belegschaft lukrativer zu gestalten. Schließlich sind die Arbeitskosten und die Steuerbelastung für Arbeit in Deutschland enorm. Dieses Spannungsverhältnis führt insbesondere bei Hochqualifizierten und in produktionsintensiven Industrien regelmäßig zu einer Abwanderung aus Deutschland[218] – eine erhebliche Gefahr für den Industriestandort!

#### 3.4.1.2 Mitarbeiterbeteiligungsmodelle

Die Ausgestaltungsmöglichkeiten der MKBs sind im Einzelnen vielfältig. Grundsätzlich lässt sich diese in Eigenkapital-, Fremdkapital- und Mezzaninbeteiligungen unterteilen. In allen Fällen werden Beschäftigte am Unternehmen beteiligt, in welchem sie arbeiten.[219] Dabei ist zwischen Beteiligungen des Managements und der übrigen Mitarbeiterschaft zu unterscheiden.[220] Der Fokus der vorliegenden Analyse liegt auf Letzterem.

---

214 Gunkelmann/Stoewhase, Mitarbeiterkapitalbeteiligungen: Verbreitung und Beteiligungsgrade, S 362.

215 Weitnauer, GWR 2023, 111.

216 BT-Drs. 20/8292, 61.

217 BT-Drs. 20/8292, 61.

218 Schmalzried, 210.000 junge Deutsche verlassen jährlich das Land (Online).

219 Gunkelmann/Stoewhase, Mitarbeiterkapitalbeteiligungen: Verbreitung und Beteiligungsgrade, S 361.

220 Weitnauer, GWR 2023, 114.

Zum weiteren Verständnis ist auszuführen, dass bei eigenkapitalbasierten Modellen die Mitarbeiter entweder direkt durch Geschäftsanteile oder indirekt über eine Mitarbeiterbeteiligungsgesellschaft involviert werden. Alternativ können sie Optionen auf den Erwerb von Geschäftsanteilen erhalten, wie im Employee Stock Option Program (ESOP).[221]

Virtuelle Beteiligungsmodelle bilden wirtschaftlich eine Beteiligung „als ob" ab, z. B. durch Phantom Shares, die auf Exit-Vergütungen oder Gewinnausschüttungen basieren. Da es sich um schuldrechtliche Vereinbarungen handelt, entsteht kein Teilgewinnabführungsvertrag nach § 292 Abs. 2 AktG.[222] Die Unterscheidung zwischen beiden Modellen ist grundlegend für die Gestaltung von Mitarbeiterbeteiligungsprogrammen.[223]

Die Variationen der Mitarbeiterbeteiligungsmodelle sind überwiegend auf steuerliche Gründe zurückzuführen. Regelmäßig führen steuerliche Nachteile in diesen Bereichen dazu, dass die Umsetzung einer MKB als wenig vorteilhaft erscheint.[224] Demnach zielt die steuerliche Reform des ZuFinG auf die Verbesserung der Rahmenbedingungen für echte Beteiligung ab. Bei der „echten" Eigenkapitalbeteiligung werden die Mitarbeiter zu vollwertigen Gesellschaftern, d. h. zu Gesellschaftern einer GmbH, Aktionären oder Genossenschaftsmitgliedern.[225]

#### 3.4.1.3 Besteuerung der Mitarbeiterkapitalbeteiligung (Echte Beteiligung)

In der Besteuerung ist einleitend festzustellen, dass zu den Einkünften aus nichtselbständiger Arbeit gemäß § 19 Abs. 1 Satz 1 Nr. 1 EStG nicht nur Gehälter und Löhne zählen, sondern auch andere Bezüge und geldwerte Vorteile im Sinne von § 8 Abs. 1 Satz 1 EStG, die im Zusammenhang mit einer Beschäftigung im öffentlichen oder privaten Dienst gewährt werden. Dies gilt unabhängig davon, ob ein Rechtsanspruch auf die Zahlungen besteht oder ob es sich um regelmäßige oder einmalige Bezüge handelt, wie in § 19 Abs. 1 Satz 2 EStG festgelegt.[226]

Gemäß ständiger Rechtsprechung liegt dann kein Arbeitslohn vor, wenn eine Zuwendung aufgrund anderer Rechtsbeziehungen oder aus Gründen, die nicht mit

[221] Weitnauer, GWR 2023, 114.
[222] Weitnauer, GWR 2023, 114.
[223] Weitnauer, GWR 2023, 114.
[224] Fritz/Schneider, Erfolgs- und Kapitalbeteiligung, S. 83.
[225] Fritz/Schneider, Erfolgs- und Kapitalbeteiligung, S. 83.
[226] BFH, Urt. v. 14.12.2023 - VI R 1/21, BStBl 2024 II, 387.

dem Dienstverhältnis des Arbeitnehmers zusammenhängen, gewährt wird. Ob eine Arbeitgeberleistung den Einkünften aus nichtselbständiger Arbeit oder einer anderen Einkunftsart zuzuordnen ist, entscheidet vorrangig das Finanzgericht durch tatrichterliche Würdigung.[227]
Eine Vermögensbeteiligung, die einem Angestellten im Rahmen seiner Tätigkeit zu einem Preis unter dem gemeinen Wert gewährt wird (wie im beschriebenen MediaMarkt/Saturn-Fall), wird als geldwerter Vorteil angesehen. Dieser wird in der Regel als verdeckter Arbeitslohn betrachtet und zählt folglich zum steuerpflichtigen Einkommen. Im Umkehrschluss liegt kein Besteuerungstatbestand vor, wenn eine wertangemessene Gegenleistung erbracht wird.[228]

Die einkommensteuerliche Behandlung für Mitarbeiter umfasst folgende Grundsätze:[229]

- Ein vom Arbeitgeber gewährter Preisnachlass beim Erwerb von MKB gilt als geldwerter Vorteil und unterliegt dem progressiven Einkommensteuertarif (§§ 19, 32a EStG).
- Rückflüsse aus der MKB (z. B. Zinsen, Dividenden oder Veräußerungserlöse) sind grundsätzlich als Einkünfte aus Kapitalvermögen zu versteuern, sodass in der Regel die Abgeltungsteuer greift.

Der geldwerte Vorteil im Zusammenhang mit der Übertragung einer Mitarbeiterbeteiligung besteht nach ständiger Rechtsprechung, nicht jedoch in der Beteiligung selbst, sondern in der Verbilligung, also dem Preisnachlass. Ein Erwerb zu marktüblichen Preisen begründet keinen geldwerten Vorteil.[230] Wichtig: Dementsprechend führt die marktübliche Veräußerung einer Beteiligung

227 BFH, Beschluss v. 21.06.2022 – VI R 20/20, BStBl. 2023 II, 87.

228 Weitnauer, GWR 2023, 111.

229 Hardeck/Schirmer, Zur Abgrenzung der Einkunftsarten bei Rückflüssen aus Mitarbeiterkapitalbeteiligungen, S. 299.

230 Siehe dazu: Senatsurteile vom 15.03.2018 - VI R 8/16, BFHE 261, 122, BStBl II 2018, 550, Rz 29; vom 01.09.2016 - VI R 67/14, BFHE 255, 125, BStBl II 2017, 69, Rz 26; vom 07.05.2014 - VI R 73/12, BFHE 245, 230, BStBl II 2014, 904, Rz 22 und vom 23.06.2005 - VI R 10/03, BFHE 209, 559, BStBl II 2005, 770, unter II.2.a, m.w.N.)

durch den Arbeitnehmer auch nicht zu einem geldwerten Vorteil, es sei denn, der Arbeitnehmer erzielt einen marktunüblichen Überpreis.[231]

#### 3.4.1.4 Besteuerung des geldwerten Vorteils

Der zu versteuernder geldwerter Vorteil ergibt sich aus der Differenz zwischen dem gemeinen Wert der Anteile zum Zeitpunkt der Übertragung und dem Betrag, den der Arbeitnehmer dafür gezahlt hat, abzüglich des Steuerfreibetrags i. H. v. 2.000 EUR pro Jahr gemäß § 3 Nr. 39 EStG (vorausgesetzt, die Bedingungen sind erfüllt). Sollte der geldwerte Vorteil bei der Nachversteuerung niedriger sein als zum Zeitpunkt der Übertragung, wird der niedrigere Wert zugrunde gelegt (§ 19a Abs. 4 S. 4 EStG).[232]

Der Anteilserwerb ist nur steuerneutral, wenn der Mitarbeiter den Kaufpreis in Höhe des gemeinen Werts zahlt. Eine Stundung oder Finanzierung über ein Arbeitgeberdarlehen ist möglich, wobei der Mitarbeiter das Risiko eines Wertverlustes trägt. Liegt der Erwerbspreis unter dem gemeinen Wert, handelt es sich, wie bereits beschrieben, um einen geldwerten Vorteil, der als verdeckter Arbeitslohn zu versteuern ist.[233]

Gemäß ständiger Rechtsprechung des BFH gelten die materiell-rechtlichen Anforderungen an den Veranlassungszusammenhang zwischen Vorteil und Dienstverhältnis ebenso bei Zuwendungen durch Dritte.[234] Dies gilt auch für Fälle, in denen Beteiligungen an Dritte, wie etwa an eine vom Mitarbeiter gehaltene Beteiligungsgesellschaft, eingeräumt werden.[235]

Dabei ist der Zeitpunkt der Übertragung des wirtschaftlichen Eigentums für die Steuerentstehung maßgeblich. Denn der anschließende weitere Wertzuwachs unterliegt nur der günstigen Veräußerungsgewinnbesteuerung, eine etwaige Gewinnausschüttung der Kapitalertragsteuer.[236]

Einnahmen aus nichtselbständiger Arbeit unterliegen der Einkommensteuer (erst) im Zeitpunkt ihres Zuflusses.[237]

---

[231] BFH-Urteil v. 14.12.2023 - VI R 1/21, Rn. 22, BStBl 2024 II, 387.

[232] Dornbach, Mitarbeiterbeteiligungsmodelle im Lichte des § 19a EStG n.F. (Online).

[233] Weitnauer, GWR 2023, 115.

[234] BFH-Urteil v. 01.09.2016 - VI R 67/14 BStBl 2017 II, 69.

[235] BFH-Urteil v. 16.05.2013 - VI R 7/11, BStBl 2015 II, 189.

[236] Weitnauer, GWR 2023, 115.

[237] BFH-Urteil v. 14.12.2023 - VI R 1/21; Rn. 24; BStBl 2024 II, 387; BFH-Urteil v. 22.02.2018 – VI R 17/16, Rz 26, BStBl II 2019, 496.

#### 3.4.1.5 Dry-Income-Problematik

Wie bereits beschrieben, gelten Einnahmen aus einem Angestelltenverhältnis, welche die Werbungskosten übersteigen als Einkünfte aus nichtselbständiger Arbeit (§ 19 EStG) und umfassen auch geldwerte Vorteile. Gemäß dem lohnsteuerlichen Zuflussprinzip (§ 11 EStG) führen verbilligte oder unentgeltliche MKBs häufig bereits bei deren Einräumung zu einem steuerpflichtigen Lohnzufluss, es sei denn, es werden Verfügungsbeschränkungen vereinbart. Auch ohne tatsächliche Liquidität tritt dabei eine Besteuerung ein, es liegt sogenanntes dry income vor. Dies kann dazu führen, dass Mitarbeiter Beteiligungen ablehnen oder Kredite aufnehmen müssen, um die Steuerschuld zu begleichen.[238]

MKBs zielen jedoch auf einen langfristigen Vermögensaufbau und stärkere Bindung der Beschäftigten ab. Um ihre Attraktivität zu erhöhen, sollte die steuerliche Belastung idealerweise erst bei tatsächlichem Liquiditätszufluss, etwa bei einem Unternehmensverkauf (Liquidity Event), erfolgen.[239]

Es galt, finanzielle Steuerbelastungen zu reduzieren, um die Teilnahme an solchen MKB zu fördern.

#### 3.4.1.6 Die Verschonungsregelung des § 19a EStG (Fondstandortgesetz- § 19a EstG)

Mit dem Inkrafttreten des Fondsstandortgesetzes (FoStoG) im Juni 2021 wurde durch § 19a EStG a.F. eine Regelung geschaffen, die den Aufschub der Lohnbesteuerung für ab dem 1. Juli 2021 gewährte Mitarbeiterbeteiligungen an KMU vorsah, sofern diese nicht älter als zwölf Jahre waren.[240]

Mit der Einführung des § 19a EStG a.F. im Jahr 2021 adressierte der Gesetzgeber die sogenannte Dry-Income-Problematik zum ersten Mal [241]

Die Verschonungsregelung (§ 19a EStG a.F.) sollte vor allem echte Mitarbeiterbeteiligungen fördern und insbesondere Start-ups sowie KMU bei der Fachkräftegewinnung und -bindung unterstützen, indem steuerliche Hürden abgebaut wurden. Geldwerte Vorteile aus im Rahmen eines Dienstverhältnisses übertragenen unentgeltlichen oder verbilligten Geschäftsanteilen unterlagen der Lohnsteuer (§ 19 EStG) erst dann, wenn ein steuerlich relevanter Tatbestand eintrat, wie etwa die Veräußerung der Anteile, die Beendigung des Arbeitsverhältnisses oder der Ablauf von

---

[238] Löw/Daka, BB 2023, 1908.

[239] Weitnauer, GWR 2023, 111.

[240] Weitnauer, GWR 2023, 115.

[241] Dornbach, Mitarbeiterbeteiligungsmodelle im Lichte des § 19a EStG n.F. (Online).

zwölf Jahren ohne einen Exit.[242]

Die Vorschrift schob die Besteuerung des geldwerten Vorteils auf, ohne jedoch eine Befreiung von der Sozialversicherungspflicht vorzusehen. Somit mussten Sozialversicherungsbeiträge auf den geldwerten Vorteil weiterhin abgeführt werden.[243]

Die Vorschrift des § 19a EStG in der Fassung des Fondsstandortgesetzes blieb hinter den Erwartungen zurück. Zwar bedeutete es einen Fortschritt, war jedoch international wettbewerbstechnisch und steuerlich begrenzt. Das ZuFinG passte die engen Aufschubregelungen an, um Steuerbelastungen zu verringern und MKB attraktiver zu machen.[244]

Es galt weiterhin, finanzielle Steuerbelastungen zu reduzieren, um die Teilnahme an solchen MKB zu fördern.

### 3.4.2 Reformen durch das ZufinG

Das ZuFinG greift zentrale Kritikpunkte am bisherigen § 19a EStG auf, um MKB attraktiver zu machen. Der Artikel 16 ZuFinG, BGBl. I Nr. 354 vom 11. Dezember 2023, BStBl I 2024 S. 2 erweitert den Anwendungsbereich, indem dieser die Schwellenwerte für begünstigte Unternehmen anpasst: Die Höchstgrenzen für Mitarbeiterzahl, Jahresumsatz und Bilanzsumme werden angehoben, ebenso wie das zulässige Höchstalter der Unternehmen. Außerdem wird der Steuerfreibetrag nach § 3 Nr. 39 EStG ab dem 1. Januar 2024 von 1.400 EUR auf 2.000 EUR erhöht. Mit diesen Änderungen sollen steuerliche Hürden abgebaut und Mitarbeiterbeteiligungen für Unternehmen aller Größenklassen zugänglicher gemacht werden."

#### 3.4.2.1 Anhebung des Steuerfreibetrages in § 3 Nr. 39 EStG

Vor dem Hintergrund der Änderungen durch das ZuFinG vom 11. Dezember 2023 (BGBl. I Nr. 354, BStBl I 2024 S. 2) wird zusätzlich zu den Änderungen des § 19a EStG, der Steuerfreibetrag für Mitarbeiterbeteiligungen gemäß § 3 Nr. 39 EStG zum 1. Januar 2024 von 1.400 EUR auf 2.000 EUR pro Kalenderjahr erhöht.[245] Nur!

Allgemein: So kann gemäß § 3 Nr. 39 Satz 1 EStG n.F. bei der verbilligten oder unentgeltlichen Gewährung einer Vermögensbeteiligung an Mitarbeiter durch den Arbeitgeber ein Steuerfreibetrag in Höhe von EUR 2.000 in Anspruch genommen werden. Gemäß § 3 Nr. 39 Satz 2 EstG n.F. gilt als Voraussetzung für die

---

[242] Weitnauer, GWR 2023, 115.

[243] Weitnauer, GWR 2023, 115.

[244] Haufe, Steuerliche Förderung der Mitarbeiterkapitalbeteiligung (Online)

[245] Florstedt, NZG 2024, 179.

Steuerfreiheit, dass die Beteiligung mindestens allen Arbeitnehmern offensteht, die im Zeitpunkt der Bekanntgabe des Angebots ein Jahr oder länger ununterbrochen in einem gegenwärtigen Dienstverhältnis mit dem Unternehmen stehen.

Begünstigter Personenkreis: Die Steuerfreiheit gemäß § 3 Nummer 39 EStG gilt für unbeschränkt und beschränkt einkommensteuerpflichtige Arbeitnehmer (siehe § 1 EStG), die in einem gegenwärtigen Dienstverhältnis zum Unternehmen (siehe § 1 Absatz 1 und 2 der Lohnsteuer Durchführungsverordnung - LStDV -) stehen. Bei dem Dienstverhältnis kann es sich sowohl um ein Hauptarbeitsverhältnis (erstes Dienstverhältnis) als auch um ein Nebenarbeitsverhältnis (weiteres Dienstverhältnis) handeln.[246]

Begünstigte Vermögensbeteiligungen: Die nach § 3 Nr. 39 EStG steuerfreien Vermögensbeteiligungen sind abschließend in § 3 Nr. 39 Satz 1 EStG in Verbindung mit § 2 Abs. 1 Nr. 1 Buchst. a, b, f bis l sowie Abs. 2 bis 5 des fünften Vermögensbildungsgesetzes (5. VermBG) aufgelistet. Weitere Details zu den begünstigten Vermögensbeteiligungen sind im BMF-Schreiben vom 31. Mai 2024 (BStBl I S. 2) enthalten.[247]

Virtuelle Beteiligungen, also schlichte schuldrechtliche Bonusversprechen des Arbeitgebers, fallen ausdrücklich nicht unter die Regelung für begünstigte Vermögensbeteiligungen. Aktienoptionen nur unter bestimmten Voraussetzungen.[248]

Nach § 3 Nr. 39 EStG sind Vermögensbeteiligungen am Unternehmen des Arbeitgebers steuerfrei (§ 3 Nr. 39 Satz 1 EStG). Dabei werden auch Unternehmen des gleichen Konzerns (§ 18 AktG) als Teil des Arbeitgebers betrachtet, sodass Vermögensbeteiligungen an Konzernunternehmen ebenfalls unter die Steuerbefreiung fallen (§ 3 Nr. 39 Satz 3 EStG).

Das Bundesministerium der Finanzen (BMF) hat die Richtlinien zur lohnsteuerlichen Handhabung von Vermögensbeteiligungen (MKB) überarbeitet und die aktualisierte Fassung mit Gültigkeit ab dem 1. Januar 2024 veröffentlicht. Mit dem Anwendungsschreiben wird geklärt, dass der Freibetrag auch bei einem mittelbaren Erwerb der Beteiligung durch eine nicht gewerblich geprägte GmbH & Co. KG genutzt werden kann.[249]

---

[246] BMF-Schreiben v. 01.06.2024 - IV C 5 - S 2347/24/10001, Rn. 1.

[247] BMF-Schreiben v. 01.06.2024 - IV C 5 - S 2347/24/10001, Rn. 2.

[248] BMF-Schreiben v. 01.06.2024 - IV C 5 - S 2347/24/10001, Rn. 4.

[249] BMF-Schreiben v. 01.06.2024 - IV C 5 - S 2347/24/10001, Rn. 7.

Einzubeziehende Arbeitnehmer (§ 3 Nummer 39 Satz 2 EStG):

Nach § 3 Nr. 39 Satz 2 EStG ist Voraussetzung für die Steuerfreiheit, dass die Vermögensbeteiligung mindestens allen Arbeitnehmern (§ 1 LStDV) offensteht, die bei Bekanntgabe des Angebots ein Jahr oder länger ununterbrochen in einem gegenwärtigen Dienstverhältnis zum Arbeitgeber stehen. Einbezogen werden auch geringfügig Beschäftigte, Teilzeitkräfte, Auszubildende und weiterbeschäftigte Rentner. Arbeitnehmer, die weniger als ein Jahr im Dienstverhältnis mit dem Unternehmen des Arbeitgebers stehen, können ebenfalls miteinbezogen werden. Nach § 3 Nr. 39 Satz 2 EStG müssen Beschäftigte anderer Konzernunternehmen nicht einbezogen werden. Auch sind Leiharbeitnehmer bei einem Entleiher nicht einzubeziehen.[250]

Zudem wird im Anwendungspapier des BMF auch klargestellt, dass der Ausschluss von Arbeitnehmern mit Insiderinformationen gemäß der EU-Marktmissbrauchsverordnung (MAR) und weiteren anwendbaren Gesetzen der Vermeidung von Straftaten dient und der Inanspruchnahme des Freibetrags für andere Arbeitnehmer nicht entgegensteht.[251]

Die Möglichkeit, Arbeitnehmer nach Ermessen des Arbeitgebers vom Beteiligungsprogramm auszuschließen, steht der Inanspruchnahme des Steuerfreibetrags nicht entgegen. Wird jedoch tatsächlich ein Ausschluss vorgenommen, ist die Steuerfreiheit für alle teilnehmenden Arbeitnehmer ausgeschlossen. Die steuerliche Behandlung der bereits gewährten geldwerten Vorteile bleibt unberührt.[252]

Das bedeutet, die bloße Möglichkeit, Arbeitnehmer vom Beteiligungsprogramm auszuschließen, ist unproblematisch. Entscheidend ist der tatsächliche Ausschluss, der nachteilig wirkt.

### 3.4.2.2 Erweiterung des Anwendungsbereiches des § 19a EStG

#### 3.4.2.2.1 Verlängerung des Besteuerungsaufschubs (§ 19a Abs. 4 EStG)

Die Änderungen des § 19a EStG a.F. durch das ZuFinG sind signifikant und betreffen insbesondere den Steueraufschub für geldwerte Vorteile aus der Überlassung von Vermögensbeteiligungen. Hervorzuheben ist hierbei die Verlängerung des

[250] BMF-Schreiben v. 01.06.2024 - IV C 5 - S 2347/24/10001, Rn. 33.

[251] BMF-Schreiben v. 01.06.2024 - IV C 5 - S 2347/24/10001, Rn. 33.

[252] BMF-Schreiben v. 01.06.2024 - IV C 5 - S 2347/24/10001, Rn. 14.1.

steuerlichen Aufschubs auf bis zu 15 Jahre (§ 19a Abs. 4 Nr. 2 EStG n.F.), wodurch der bisherige Zeitraum von zwölf Jahren gemäß § 19a Abs. 4 EStG abgelöst wird.[253]

Bemerkenswert ist, dass diese Neuregelung nicht nur für Vermögensbeteiligungen gilt, die nach Inkrafttreten der Änderungen im Jahr 2024 gewährt werden, sondern auch rückwirkend für Vermögensbeteiligungen Anwendung finden, die vor diesem Zeitpunkt übertragen wurden.[254] Damit erweitert das ZuFinG den zeitlichen Anwendungsbereich des Steueraufschubs erheblich, was für Arbeitnehmer und -geber gleichermaßen von Bedeutung ist.

Doch damit nicht genug, sehen die jüngsten Änderungen durch die Einführung des § 19a Abs. 4a EStG vor, dass bei Ablauf der verlängerten Nachbesteuerungsfrist oder bei Beendigung des Dienstverhältnisses eine Besteuerung sogar vollständig entfällt. Voraussetzung dafür ist, dass der Arbeitgeber freiwillig und unwiderruflich die Haftung für die einzubehaltende und abzuführende Lohnsteuer übernimmt.[255] Erst bei einer späteren entgeltlichen oder unentgeltlichen Übertragung der Vermögensbeteiligung würde eine Besteuerung ausgelöst.[256]
Allerdings bleibt die Bereitschaft der Arbeitgeber, eine solche Haftung insbesondere für ausgeschiedene oder kurzfristig ausscheidende Mitarbeiter zu übernehmen, fraglich. Insbesondere im Fall eines Arbeitgeberwechsels könnte dies weiterhin einen potenziellen Streitpunkt bei der Umsetzung von Mitarbeiterbeteiligungsmodellen darstellen (siehe dazu nachfolgend iv).
Die Nachversteuerungszeitpunkte wurden in der neuen Fassung des § 19a EStG grundsätzlich beibehalten, mit Ausnahme der Ausdehnung der Haltefrist von zwölf auf fünfzehn Jahre (§ 19a Abs. 4 Nr. 2 EStG n.F.).[257]

Außerdem wurde mit der Einführung von § 19a Abs. 4a EStG eine Regelung geschaffen, die steuerliche Nachteile durch dry income verhindert, bei dem Arbeitnehmer Steuern auf Beteiligungen zahlen müssen, bevor sie einen Gewinn erzielen. Das Ziel dieser Änderung ist es, steuerliche Härten zu vermeiden und den

[253] Haufe, Neues zur Vermögensbeteiligung von Mitarbeitenden (Online).
[254] Haufe, Neues zur Vermögensbeteiligung von Mitarbeitenden (Online).
[255] Haufe, Neues zur Vermögensbeteiligung von Mitarbeitenden (Online).
[256] Haufe, Neues zur Vermögensbeteiligung von Mitarbeitenden (Online).
[257] Dornbach, Mitarbeiterbeteiligungsmodelle im Lichte des § 19a EStG n.F. (Online).

Arbeitnehmern einen langfristigen Vorteil aus der Vermögensbeteiligung zu verschaffen.

###### 3.4.2.2.2 Erweiterung des Arbeitgeberbegriffs und der Anwendungsbereich

Die Änderungen im § 19a EStG beziehen sich nicht nur auf den Besteuerungsaufschub, sondern auch auf die Erweiterung des Anwendungsbereichs.

In § 19a Abs. 1 EStG-E wird nun klargestellt, dass auch Vermögensbeteiligungen, die von Gesellschaftern des Arbeitgebers gewährt werden, steuerlich begünstigt sind.[258] Dies war zuvor problematisch, da die steuerlichen Vergünstigungen an die direkte Übertragung durch den Arbeitgeber gebunden waren, was in der Praxis oft nicht zutraf. Der BFH hatte bereits 2016 entschieden, dass der verbilligte Erwerb von GmbH-Beteiligungen durch eine Gesellschaft des Arbeitgebers oder dessen Gesellschaftern als Arbeitslohn zu qualifizieren ist, wenn die Vergünstigung im Zusammenhang mit dem Dienstverhältnis steht.[259] Diese Praxis wird nun durch die Änderung im ZuFinG berücksichtigt. Zudem wurde die im RegE vorgesehene aufgeschobene Besteuerung bei Ausgabe von Aktien des Konzerns gemäß § 18 AktG gestrichen.

###### 3.4.2.2.3 Verdopplung der Schwellenwerte und Anpassung der Altersgrenze

Mit der Änderung des § 19a Absatz 3 EStG wurden die Schwellenwerte für den Jahresumsatz, die Jahresbilanzsumme und Mitarbeiterzahl angepasst: Unternehmen mit weniger als 1.000 Mitarbeitern, einem Jahresumsatz von höchstens 100 Mio. Euro oder einer Jahresbilanzsumme von höchstens 86 Mio. Euro können nun von den Steuervorteilen begünstigt werden.[260] Diese Regelung gilt auch rückwirkend für Unternehmen, bei denen die Schwellenwerte im Erwerbszeitpunkt in den sechs vorangegangenen Jahren nicht unterschritten wurden.[261] Der für die Fördervoraussetzungen maßgebliche Gründungszeitraum wurde durch eine Anpassung des § 19a Abs. 3 EStG von maximal zwölf auf 20 Jahre verlängert.[262] Bisher war ein Besteuerungsaufschub enger gefasst und galt nur, wenn sich der

---

[258] Löw/Daka, BB 2023, 1910.

[259] BFH-Urteil v. 01.09.2016 - VI R 67/14 BStBl 2017 II, 69.

[260] Friedberg/Schrade/Mohr, Steuerliche Erleichterungen für Mitarbeiterbeteiligungen durch das ZuFinG (Online).

[261] Friedberg/Schrade/Mohr, Steuerliche Erleichterungen für Mitarbeiterbeteiligungen durch das ZuFinG (Online).

[262] Löw/Daka, BB 2023, 1910.

Arbeitgeber als KMU gemäß EU-Definition (ABl. L 124 vom 20.5.2003, S. 36) qualifizierte.[263]

In der Tat entsteht der Eindruck, dass seit dem 1. Januar 2024 mehr KMU und Start-ups von den verbesserten Bedingungen der MKB profitieren, wenn sie durch höhere Schwellenwerte, erweiterte Fristen und die Einbeziehung älterer Unternehmen berücksichtigt werden.

#### 3.4.2.2.4 Neue Leaver-Regelungen und Abmilderung der Dry-Income-Problematik

Eine zentrale Problematik des § 19a EStG a.F. bestand in den Regelungen zur nachgelagerten Besteuerung gemäß § 19a Abs. 4 Satz 1 Nr. 2 und Nr. 3 EStG a.F., die dann griffen, wenn entweder zwölf Jahre seit der Übertragung der Vermögensbeteiligung (Nr. 2 a.F.) vergangen waren oder das Dienstverhältnis (Nr. 3 a.F.) beendet wurde.[264] Nicht nur aus Sicht des Verfassers konnte insbesondere Nr. 3 a.F. ein Machtgefälle im Unternehmen zu Ungunsten der Arbeitnehmer schaffen und MKBs eher als Druckmittel denn als Anreiz erscheinen lassen.[265]

Mit dem ZuFinG wurden die Leaver-Regelungen im Kontext des Rückerwerbs von Vermögensbeteiligungen nach Beendigung eines Dienstverhältnisses präzisiert und angepasst.[266]

Ab sofort ist im Leaver-Fall nur die tatsächlich gezahlte Vergütung für die steuerliche Bemessung relevant, während der gemeine Wert der Beteiligung unberücksichtigt bleibt.[267] Diese Änderung adressiert die gegenwärtige Kritik an der bisherigen Regelung, die zur steuerlichen Belastung des Arbeitnehmers mit nicht realisierten Mitteln (dry income) geführt hat.[268]

Der neue § 19a Abs. 4a EStG enthält eine Sonderregelung zur Vermeidung von dry income. Wird eine Nachversteuerung nach Ablauf der 15-jährigen Frist gemäß § 19a Abs. 4 Satz 1 Nr. 2 EStG oder durch das Ausscheiden des Mitarbeiters nach § 19a

---

[263] Empfehlung der Kommission vom 6. Mai 2003 betreffend die Definition der Kleinstunternehmen sowie der kleinen und mittleren Unternehmen (Text von Bedeutung für den EWR) (Bekannt gegeben unter Aktenzeichen K(2003) 1422).

[264] Friedberg/Schrade/Mohr, Steuerliche Erleichterungen für Mitarbeiterbeteiligungen durch das ZuFinG (Online).

[265] Friedberg/Schrade/Mohr, Steuerliche Erleichterungen für Mitarbeiterbeteiligungen durch das ZuFinG (Online).

[266] Florstedt, NZG 2024, 179.

[267] Florstedt, NZG 2024, 179.

[268] Florstedt, NZG 2024, 179.

Abs. 4 Satz 1 Nr. 3 EStG fällig, ohne dass die Anteile veräußert werden, kann die Besteuerung auf den Zeitpunkt der tatsächlichen Veräußerung gemäß § 19a Abs. 4 Satz 1 Nr. 1 EStG verschoben werden. Voraussetzung ist, dass der Arbeitgeber unwiderruflich die Haftung für die spätere Lohnsteuer übernimmt (§ 19a Abs. 4a Satz 1 EStG).[269]

Die Haftungserklärung des Arbeitgebers muss spätestens mit der Lohnsteuer-Anmeldung des betreffenden Zeitraums erfolgen (§ 19a Abs. 4a Satz 2 EStG). Scheidet der Arbeitnehmer etwa am 9. April aus, ist die Erklärung bis spätestens zum 10. Mai abzugeben (vgl. § 41a Abs. 2 Satz 1 EStG). Sollte der Arbeitnehmer die Anteile später veräußern, besteht ein Rückforderungsanspruch ihm gegenüber, wenn der Arbeitgeber die Lohnsteuer abführt (§ 19a Abs. 4a Satz 3 EStG).[270]

Wichtig zu beachten ist jedoch, dass die Regelungen des § 19a EStG ausschließlich auf die Lohnsteuer anwendbar sind und keine Auswirkungen auf die Sozialversicherung haben. Für sozialversicherungsrechtliche Zwecke bleibt es somit bei einer Dry-Income-Besteuerung.[271]

#### 3.4.2.3 Ungelöste Problematik

Die Besteuerung von dry income bleibt weiterhin ungelöst, besonders im „Leaver“-Fall bei einer hohen Fluktuation im Start-up-Umfeld. Zwar berücksichtigt § 19a Abs. 4 S. 4 EStG betriebliche Wertminderungen, jedoch nicht Fällen, in denen die Abfindung des Mitarbeiters geringer ist als die Steuerlast auf den geldwerten Vorteil, etwa bei Eigenkündigung und Abfindung zum Nennwert. Obwohl § 19a Abs. 4 Nr. 3 S. 2 EStG dem Arbeitgeber die Möglichkeit zur Übernahme der Lohnsteuer im „Leaver“-Fall gewährt, wird diese Option in der Praxis selten genutzt, insbesondere in „Bad Leaver“-Fällen.[272]

Das Risiko einer Nachversteuerung bei Arbeitsplatzverlust betrifft vor allem Mitarbeiter ohne Unterstützung des Arbeitgebers, etwa wenn die Zustimmung der Mitgesellschafter erforderlich ist. Durch gezielte Vertragsverhandlungen kann dieses Risiko gemindert werden, wobei eine individuelle Abwägung unter rechtlicher und

---

269 Dornbach, Mitarbeiterbeteiligungsmodelle im Lichte des § 19a EStG n.F. (Online).

270 Dornbach, Mitarbeiterbeteiligungsmodelle im Lichte des § 19a EStG n.F. (Online).

271 Friedberg/Schrade/Mohr, Steuerliche Erleichterungen für Mitarbeiterbeteiligungen durch das ZuFinG (Online).

272 Löw/Daka, BB 2023, 1910 f.

steuerlicher Beratung notwendig bleibt.[273]
Zudem bleibt die Bewertungsproblematik für Start-ups ungelöst, da weder ein geeigneter Marktwert vorliegt, noch das Ertragswertverfahren die Dynamik von Start-ups abbildet.[274]

Die im Regierungsentwurf des ZuFinG enthaltene Konzernklausel, die eine steuerliche Begünstigung für Vermögensbeteiligungen innerhalb eines Konzernverbundes vorsah, wurde nicht übernommen. Dies führt zu Unsicherheit darüber, ob Beteiligungen an verbundenen Unternehmen von den steuerlichen Privilegien des § 19a EStG erfasst sind und lässt potenzielle Synergien innerhalb von Konzernstrukturen ungenutzt. [275]

Jedoch hat das Bundeskabinett am 5. Juni 2024 den Entwurf des Jahressteuergesetzes 2024 (JStG 2024) verabschiedet, der Änderungen zum Besteuerungsaufschub bei MKB gemäß § 19a EStG vorsieht. Ab dem 1. Januar 2024 wird der Anwendungsbereich des § 19a EStG erweitert: Künftig profitieren auch Beteiligungen an Unternehmen des Konzerns des Arbeitgebers vom Steueraufschub. Voraussetzung gemäß § 19a Abs. 3 EStG ist, dass der Konzern insgesamt weniger als 1.000 Mitarbeiter, einen Jahresumsatz von höchstens 100 Mio. EUR und eine Jahresbilanzsumme von maximal 86 Mio. EUR hat und sofern die Gründung der Konzernunternehmen nicht mehr als 20 Jahre zurückliegt.[276] Des Weiteren wirft insbesondere § 19a EStG unionsrechtliche Fragen auf.

#### 3.4.2.4 Auslegung Unionsrecht

Die vermutlich schnell aufkommende Überlegung, weshalb die steuerlichen Erleichterungen nur für bestimmte Schwellenwerte gilt, könnte bereits europarechtlich streitig werden:
Denn die Beschränkung des § 19a EStG auf bestimmte Unternehmensgrößen wirft beihilferechtliche Bedenken auf. Der Referentenentwurf des ZuFinG ging davon aus, dass § 19a EStG keine Beihilfe im Sinne des EU-Rechts darstellt, da dieser Arbeitnehmer und keine Unternehmen fördert.
Jedoch ist das EU-Beihilferecht weit auslegbar und es könnte als Beihilfe gelten, wenn

[273] Dornbach, Mitarbeiterbeteiligungsmodelle im Lichte des § 19a EStG n.F. (Online).
[274] Löw/Daka, BB 2023, 1910 f.
[275] Löw/Daka, BB 2023, 1910 f.
[276] BMF-Schreiben v. 01.06.2024 - IV C 5 - S 2347/24/10001, Rn. 1 ff.

bestimmte Personengruppen durch steuerliche Vorteile dazu bewegt werden, Unternehmen zu begünstigen. Die Frage bleibt unbeantwortet, warum nur Start-ups und KMU steuerliche Unterstützung erhalten sollen, obwohl auch größere Unternehmen im internationalen Wettbewerb um Fachkräfte stehen. Zudem wird die Frage aufgeworfen, ob auch ausländische Arbeitgeberunternehmen in den Anwendungsbereich des § 19a EStG einbezogen werden sollten, insbesondere in Bezug auf Vermögensbeteiligungen an EU/EWR-Gesellschaften. Eine unionsrechtskonforme Auslegung würde eine Erweiterung des Anwendungsbereichs auf diese Unternehmen nahelegen.[277]

#### 3.4.2.5 Aktuelle Rechtsprechung zur Weiterveräußerung

Ein ambitionierter Anteilseigner wird sich unweigerlich fragen, wie sich die steuerliche Situation bei einer Weiterveräußerung der Unternehmensbeteiligung gestaltet – insbesondere, wenn dabei eine Wertsteigerung erzielt wird. Aus steuerrechtlicher Sicht ergibt sich jedoch kein zusätzlicher lohnsteuerbarer Vorteil. Die aktuelle Rechtsprechung des BFH stellt klar, dass ein Gewinn aus der marktüblichen Veräußerung einer Mitarbeiterbeteiligung nicht als Arbeitslohn zu bewerten ist:

1. Der Gewinn, der sich aus der Differenz zwischen (Rück-)Kaufpreis und Anschaffungskosten ergibt, gilt nicht als lohnsteuerbarer Vorteil, selbst wenn die Beteiligung ursprünglich zu vergünstigten Konditionen vom Arbeitgeber erworben wurde.[278]
2. Ein lohnsteuerbarer Vorteil liegt nur vor, wenn der Arbeitnehmer durch das Arbeitsverhältnis einen marktunüblichen Überpreis bei der Veräußerung erzielt.[279]

Wichtig zu beachten ist, dass Anteilsübertragungen im Rahmen der Unternehmensnachfolge gemäß § 7 Abs. 1 Nr. 1 ErbStG als Schenkung gelten, auch wenn sie an eine Tätigkeit innerhalb der Unternehmensgruppe gebunden sind. Das FG Bremen bestätigte dies im Urteil vom 27. Januar 2022.[280] Auch das FG Sachsen-Anhalt entschied identisch in einem Beschluss vom 14. Juni 2021 für leitende

[277] Löw/Daka, BB 2023, 1911.
[278] BFH-Urteil v. 14.12.2023 - VI R 1/21, BStBl 2024 II, 387.
[279] BFH-Urteil v. 14.12.2023 - VI R 1/21, BStBl 2024 II, 387.
[280] FG Bremen Urteil v. 27.01.2021 - 1 K 152/21 (5), BeckRS 2021, 49853.

Angestellte.[281] In beiden Fällen werden strategische Überlegungen zur Unternehmenssicherung als eine Sonderrechtsbeziehung begründet, die unabhängig vom Arbeitsverhältnis ist.[282]

### 3.4.3 Erste kritische Würdigung und praktische Bewertung

Zunächst kann gesagt werden, dass die Erweiterung des Besteuerungsaufschubs gemäß § 19a Abs. 4a EStG einen wichtigen Beitrag zur Minderung der Dry-Income-Problematik leistet. Die Besteuerung erfolgt nun erst bei einem tatsächlichen Verkauf der Kapitalbeteiligung, vorausgesetzt, der Arbeitgeber übernimmt unwiderruflich die Haftung für die Lohnsteuer (§ 19a IVa EStG). Dies verringert das Risiko steuerlicher Belastungen ohne realisierte Gewinne erheblich, wobei die Umsetzung jedoch maßgeblich von der Bereitschaft des Arbeitgebers abhängt, eine solche Haftungsübernahmeerklärung abzugeben.

Der Verfasser unterstützt die Auffassung der Bundesregierung, dass die Förderung von MKB nicht nur die Wettbewerbsfähigkeit der Wirtschaft steigert, sondern auch die Attraktivität des Arbeitsmarkts erhöht. Leider bleiben Sozialversicherungsbeiträge von der Regelung ausgenommen, was zusätzliche Belastungen für die Mitarbeiter verursacht.

Ab 2024 wurde der steuerfreie Höchstbetrag für MKBs gemäß § 3 Nr. 39 EStG auf 2.000 Euro erhöht. Auch die Finanzierung über Entgeltumwandlungen bleibt steuerfrei (§ 8 Abs. 4 EStG). Besonders hervorzuheben sind die Änderungen beim Steueraufschub nach § 19a EStG, die den Kreis der begünstigten Unternehmen erweitern, z. B. durch höhere Schwellenwerte für Umsatz, Bilanzsumme und Mitarbeiterzahl.

Die Regelungen des § 19a EStG sind jedoch kritisch zu sehen, besonders die Altersgrenze von zwölf Jahren für begünstigte Unternehmen. Gerade in fortgeschrittenen Phasen des Wachstums sind Unternehmen oft auf qualifiziertes Humankapital angewiesen, um Expansion- oder Börsengangpläne umzusetzen. Experten fordern eine Ausweitung des Anwendungsbereichs auf alle Unternehmen, um den deutschen Arbeitsmarkt wettbewerbsfähiger zu machen.[283]

---

281 FG Sachsen-Anhalt Beschluss v. 14.06.2021 - 3 V 276/21.

282 Weitnauer, GWR 2023, 112.

283 Löw/Daka, BB 2023, 1911.

Aus Sicht des Verfassers ist die breitere Verfügbarkeit von MKBs ein Beitrag zur Stärkung der Aktienkultur in Deutschland. Eine solche Kultur, wie sie in den USA etabliert ist, könnte das Produktivitätswachstum fördern und langfristig die Abhängigkeit von staatlichen Umverteilungsmaßnahmen verringern.

Gleiche Rahmenbedingungen für alle Unternehmen würden die Steuerprivilegien als Wettbewerbsvorteil beseitigen und einen neuen Arbeitsmarktwettbewerb schaffen, der zu attraktiveren Arbeitsbedingungen führen könnte. Dies könnte gewerkschaftliche Interventionen überflüssig machen sowie eine arbeitsrechtliche Liberalisierung und Deregulierung fördern, was die Modernisierung des Industriestandorts Deutschland voranbringen würde.

Zusammenfassend sind die Reformen des ZuFinG ein Fortschritt, bleiben aber hinter den Erwartungen zurück, insbesondere in Bezug auf die unionsrechtlichen Fragen zur Ausweitung auf alle Unternehmen. Eine konsequentere Umsetzung wäre nötig, um das Potenzial von MKB voll auszuschöpfen

### 3.5 Ein kleiner eigener integrativer Ansatz zur Förderung der Kapitalmarktstärke in Wechselbeziehung mit Aktienkultur, Humankapital und der Chancengleichheit

Entwickelte Kapitalmärkte bieten Unternehmen zahlreiche Finanzierungsalternativen und sind eine sinnvolle Ergänzung zur herkömmlichen Bankfinanzierung. [284] In Deutschland kämpfen Start-ups um Fachkräfte, wobei sie nicht nur mit etablierten Unternehmen, sondern auch mit der Wissenschaft und internationalen Start-ups konkurrieren. Hinzu kommt, dass die Einkünfte aus Vermögen seit Jahren deutlich schneller steigen als Einkünfte aus nichtselbständiger Arbeit.[285]

Um eine ganzheitliche Betrachtung zu ermöglichen, schlägt der Verfasser vor, die rein gesetzlichen und regulativen Voraussetzungen des Kapitalmarktzugangs aus unternehmerischer Perspektive durch eine weitere Dimension zu erweitern. Denn besonders in Deutschland besteht das zentrale Problem weiterhin in einer unzureichend ausgeprägten Aktienkultur. Eine mögliche Lösung könnte ein teilweiser Umbau des Rentenversicherungssystems sein. Weg vom reinen Umlageverfahren hin zu einem kapitalgedeckten Modell, ähnlich den US-Pensionsfonds.[286]

Durch die Verknüpfung beider Dimensionen ergibt sich für den Finanz- und Industriestandort das Potenzial, einerseits die Kapitalmarktstärke zu begünstigen und andererseits langfristig die Wettbewerbsfähigkeit sowie die freiheitliche und demokratische Grundordnung zu stabilisieren. Im gleichen Kontext trägt eine angepasste Vermögensbildungspolitik zur Verringerung der Ungleichheit in einer Volkswirtschaft bei. In diesem Zusammenhang führt Fücks aus: „Wer Demokratie und Marktwirtschaft zukunftsfähig machen will, sollte sich für eine aktive Vermögenspolitik einsetzen, die möglichst viele Bürger auch ökonomisch zu Teilhabern macht."[287]

Aus der Perspektive des Verfassers ist der Kapitalmarkt ein hochsoziales System. Auch kleine Akteure können über diese universelle Plattform am globalen Wirtschaftswachstum teilhaben. Der Fortschritt liegt darin, diese ökonomische Teilhabe am Produktivkapital steuerfrei und staatsunabhängig zu nutzen. Mit einer verpflichtenden Beteiligung aller Mitarbeiter am Produktivkapital eines Unternehmens,

---

[284] BT-Drucksache 19/15118, S. 1 f.

[285] BT-Drucksache 19/15118, S. 1 f.

[286] Wilhelm, BKR 2024, 747.

[287] Fücks in: Naumer, Hans-Joerg (Hrsg.), Vermögensbildungspolitik, S.54.

entweder durch Aktienanteile oder bei nicht börsennotierten Unternehmen in Form von Mitarbeiterkapitalbeteiligung, könnte ein Teil der gesetzlichen Rente über die reine Produktivität des einzelnen arbeitenden Wirtschaftssubjekts abgesichert werden.

Dadurch würden Staatskassen und Sozialbeiträge für nachfolgende Generationen entlastet, und die staatsunabhängige Altersvorsorge würde gestärkt. Zusätzlich würden aufgrund der direkten Beteiligung am Produktivkapital Fachkräfte durch attraktive Rahmenbedingungen angelockt, die Arbeitskosten für Arbeitgeber gesenkt und die Abhängigkeit vom Staat sowie Sozialstaatsausgaben reduziert.

Zeitgleich würde die Produktivität jedes Arbeitnehmers unmittelbar durch die Unternehmensbeteiligung honoriert, und Aufstiegs- sowie Integrationsmöglichkeiten würden breit angelegt. Auf staatlich organisierte Umverteilungsmaßnahmen, die regelmäßig ihrem Zweck entfremdet werden, und auf Vermögenssteuern, die zur Abwanderung von Vermögen und hochqualifizierten Arbeitskräften führen könnten, könnte verzichtet werden.

Schon Ludwig Erhard erkannte, dass die beste Sozialpolitik eine auf Eigenleistung basierende Wirtschaftspolitik in einer freien Marktwirtschaft ist.[288] Die Honorierung der Leistungssteigerung eines Individuums wird durch die breite Streuung des Aktienvermögens in der Bevölkerung, auch durch Modelle der Mitarbeiterbeteiligung, unterstützt. Solche Bemühungen werden jedoch durch die gegenwärtige Geldpolitik weitgehend konterkariert.[289]

Für den Verfasser steht jedoch fest: Leistungsgerechtigkeit, Chancengleichheit und soziale Aufwärtsmobilität bilden die wesentlichen Grundlagen einer sozialen Demokratie. Gleichzeitig stellen sie die Voraussetzung für eine dynamische Wirtschaft dar. Ein weiterer wichtiger Aspekt ist die möglichst weitreichende aber marktwirtschaftliche Verteilungsmöglichkeit des Produktivvermögens.[290]

---

[288] Erhard, Ludwig: Wohlstand für Alle, S.245.

[289] Rohheim in: Naumer, Hans-Joerg (Hrsg.), Vermögensbildungspolitik, S.22.

[290] Fücks in: Naumer, Hans-Joerg (Hrsg.), Vermögensbildungspolitik, S.54.

# 4 Status quo versus Kapitalmarktunion: Wie sieht die Zukunft aus?

Die Regulierung des Kapitalmarktes in der EU zeigt Fortschritte, allerdings bestehen nach wie vor regulative Herausforderungen. Während die Harmonisierung vorrangig das Aufsichtsrecht betrifft, bleibt das Kapitalmarkt-Privatrecht überwiegend national geregelt. Eine tiefere Integration der Wertpapiermärkte in der EU erfordert daher eine Harmonisierung des Kapitalmarkt-Privatrechts, das als zentrales Ziel der kommenden Dekade verfolgt werden sollte.[291] In diesem Zusammenhang stellt der EU-Listing Act einen vielversprechenden Schritt dar, der Unternehmen signifikante Einsparungen und Erleichterungen bei Börsengängen ermöglicht, insbesondere durch die Reduzierung der Prospektpflicht. Dennoch bleiben Herausforderungen bestehen, wie etwa Haftungsfragen, die Auswirkungen der ESG-Vorgaben und die praktischen Kostenaspekte der Prospektpflichten.

Das ZuFinG ist ein wichtiger Schritt, um den Finanzstandort Deutschland zu stärken und den Zugang zum Kapitalmarkt, insbesondere für Wachstumsunternehmen, zu erleichtern. Es fügt sich in die europäische Reformagenda ein und wird durch den Listing Act der Europäischen Kommission ergänzt, der KMUs den Zugang zu Kapitalmärkten erleichtern und die europäische Wettbewerbsfähigkeit stärken soll. Im Rahmen dieser Reformen wurden der Marktzugang durch die Anpassung der ProspektVO vereinfacht und vereinheitlicht, wodurch der Kapitalmarktfragmentierung entgegengewirkt wurde. Zudem konnte ein Rechtsrahmen für den Gang an die Börse für börsennotierte mittelständische Aktiengesellschaften (BMAG) geschaffen und die steuerliche Förderung von MKB erleichtert werden.

Dennoch zeigt sich ein erheblicher Handlungsbedarf, insbesondere im Vergleich zu globalen Wettbewerbern wie den USA, deren Kapitalmärkte zwar teilweise höheren regulatorischen Anforderungen unterliegen, jedoch durch eine deutlich geringere Kapitalmarktfragmentierung, eine größere Kapitalverfügbarkeit, eine ausgeprägte Investorenexpertise und ein innovationsfreundlicheres Umfeld wesentlich dynamischer agieren. Um mit den anderen Wirtschaftsmächten konkurrenzfähig zu bleiben, muss Deutschland dringend weitere regulatorische und strukturelle Anpassungen vornehmen und den Zugang zu Risikokapital verbessern.

Langfristig wird es entscheidend sein, einen juristischen Rahmen zu schaffen, der nicht nur international konkurrenzfähig ist, sondern auch durch eine flexible und

---

[291] Veil, § 1, Rn. 66.


P. Wiest, *Rechtliche Erleichterungen für KMU-Börsengänge*, BestMasters,
https://doi.org/10.1007/978-3-658-49660-9_4

innovationsfördernde Regulierung und sinnvolle Deregulierung die Basis für nachhaltiges Wachstum legt. Dies erfordert konkrete Handlungsempfehlungen, die den nächsten Schritt in der fortschreitenden Integration des europäischen Kapitalmarkts markieren sollten – etwa durch die Einführung eines EU-Kapitalmarktgesetzbuches (Capital Markets Code). Dies könnte die Komplexität der Wertpapierregulierung verringern und Raum für regulatorische Innovation schaffen.[292]

Der Letta-Bericht („Much more than a market") und der Draghi-Bericht („The future of European competitiveness") betonen die Notwendigkeit einer vereinfachten EU-Regulierung. Eine kontinentaleuropäische Kodifikation könnte die Kapitalmarktunion stärken und sowohl Investoren als auch Emittenten durch niedrigere Verifikationskosten und Risikoprämien sowie geringere Platzierungs- und Listing-Kosten erhebliche Vorteile verschaffen.[293]

Die Reformen des ZuFinG, insbesondere im Hinblick auf die BMAG und MKBs, zeigen, eine, wenngleich zögerliche, Angleichung an den US-Kapitalmarktstandard. Die BMAG eröffnet jungen Unternehmen eine Möglichkeit, mit vereinfachten Prospektpflichten nach deutschem Recht an die Börse zu gehen. Die steuerlichen Erleichterungen für MKB stärken das Humankapital und erhöhen die Wettbewerbsfähigkeit. Allerdings wurden die Regelungen noch nicht auf alle Unternehmen ausgeweitet, insbesondere die Altersgrenze für begünstigte Unternehmen und die Einschränkung auf bestimmte Unternehmensgrößen sollten weiter kritisch betrachtet werden.

Insgesamt lässt sich feststellen, dass die Reformen der EU und Deutschlands auf einem vielversprechenden Weg sind, aber eine konsequentere und praxisorientierte Umsetzung notwendig ist, um die angestrebten Ziele vollständig zu erreichen. Die Integration des Kapitalmarkts in der EU und die Förderung von KMU erfordern nicht nur rechtliche Anpassungen für einen leichteren Kapitalmarktzugang. Um international wettbewerbsfähig zu bleiben, sind zudem vermögenspolitische Maßnahmen zur Förderung der Aktienkultur nötig. Wichtige Ansatzpunkte sind die Altersvorsorge, die Mitarbeiterkapitalbeteiligung und die Kapitalertragsbesteuerung.[294] Ein kontinuierlicher Dialog zwischen Politik, Wirtschaft und Juristen bleibt essenziell.

---

[292] Veil, BKR 2024, 901 f.

[293] Veil, BKR 2024, 901 f.

[294] Kuhn in: Naumer, Hans-Joerg (Hrsg.), Vermögensbildungspolitik, S.219.

## Rechtsprechungsverzeichnis

| Gericht, Art der Entscheidung, Datum | Aktenzeichen | Fundstelle |
|---|---|---|
| BFH, Urteil vom 14.12.2023 | VI R 1/21 | BStBl 2024 II, 387 |
| FG Bremen, Urteil vom 27.01.2021 | 1 K 152/21 (5) | BeckRS 2021, 49853 |
| FG Sachsen-Anhalt, Beschluss vom 14.06.2021 | 3 V 276/21 | BeckRS 2021, 18146 |
| BFH, Beschluss vom 21.06.2022 | VI R 20/20 | BStBl. 2023 II, 87 |
| BFH, Urteil vom 01.09.2016 | VI R 67/14 | BStBl 2017 II, 69 |
| BFH, Urteil vom 16.05.2013 | VI R 7/11 | BStBl 2015 II, 189 |
| BFH, Urteil vom 22.02.2018 | VI R 17/16 | BStBl II 2019, 496 |

## Quellenverzeichnis

### A. Monographien, Beiträge in Handbüchern und andere Sammelwerke sowie Artikel in Periodika

*Bauerschmidt, Jonathan:* Die Prospektverordnung in der europäischen Kapitalmarktunion, BKR 2019, 324-332.

*Buck-Heeb, Petra (Hrsg.):* Kapitalmarktrecht. 13. Aufl., Heidelberg 2023.

*Casper, Matthias:* Das Zukunftsfinanzierungsgesetz. ZHR 187 (2023), 5.

*Deutsches Aktieninstitut e.V. (Hrsg.):* Auslandslistings von BioNTech, CureVac & Co. Handlungsempfehlungen an die Politik für mehr Börsengänge in Deutschland. 1. Aufl., Frankfurt 2021. (Zit.: Deutsches Aktieninstitut, Auslandslistings von BioNTech, CureVac & Co).

*Erhard, Ludwig:* Wohlstand für Alle, Berlin 2020.

*Florstedt, Tim:* Das Zukunftsfinanzierungsgesetz – Börsenmantelaktiengesellschaft und Mehrstimmrechtsaktie, NZG 2024, 139-144.

*Fritz, Stefan:* Schneider, Hans: Erfolgs- und Kapitalbeteiligung. Vom Mitarbeiter zum Mitunternehmer. 9. Aufl., Wiesbaden 2021.

*Fuhrmann, Ben:* SPAC-Prospekte in Deutschland und den Niederlanden und das Public Statement der ESMA in: Zeitschrift für Bankrecht und Bankwirtschaft. Band 33, Heft. 6, 2021, 390-411.

*Gumpp, Tobias:* Die Kommissionsvorschläge zum EU Listing Act, BKR 2023, 82-90.

*Habersack, Mathias:* Mülbert, Peter; Schlitt, Michael (Hrsg.): Unternehmensfinanzierung am Kapitalmarkt. 5. Aufl., Düsseldorf 2025.


P. Wiest, *Rechtliche Erleichterungen für KMU-Börsengänge*, BestMasters,
https://doi.org/10.1007/978-3-658-49660-9

*Hardeck, Inga:* Schirmer, Manuel: Zur Abgrenzung der Einkunftsarten bei Rückflüssen aus Mitarbeiterkapitalbeteiligungen, in: Steuer und Wirtschaft – StuW. Band 101, Heft 4, 2024, 299-314.

*Hell, Patrick:* The SPACs are back – Unternehmensfinanzierung durch Special Purpose Acquisition Companies. BKR 2021, 26-32.

*Herzog, Alexander:* Gebhard, Bero: Der aktienrechtliche Regelungsrahmen für SPACs im Entwurf zum Zukunftsfinanzierungsgesetz. NZG 2023, 1055-1060.

*Jung, Stefanie:* Krebs, Peter; Stiegler, Sascha (Hrsg.): Gesellschaftsrecht in Europa. Handbuch. 1. Aufl., Baden-Baden 2019.

*Koch, Jens:* Aktuelle Fragen der Prospekthaftung, BKR 2022, 271-287.

*Krimphove, Dieter; Lüke, Christoph:* Kapitalmarktrecht. 1. Aufl., Stuttgart 2022.

*Langenbucher, Katja (Hrsg.):* Aktien- und Kapitalmarktrecht. 5. Aufl., München 2022.

*Lorenz, Tim:* Zukunftsfinanzierungsgesetz (ZuFinG) – Die Neuerungen im Gesellschafts-,
Kapitalmarkt- und sonstigen Finanzmarktrecht im Überblick. DStR 2024, 442.

*Löw, Hans-Peter; Daka, Albina:* Mitarbeiterkapitalbeteiligung in Deutschland – Ein zukunftsfähiges Modell? Von ungenutztem Potenzial und fortbestehendem Handlungsbedarf, BB 2023, 1908-1912.

*Mülbert, Peter; Früh, Andreas; Seyfried, Thorsten (Hrsg.):* Bankrecht und Kapitalmarktrecht. 7. Aufl., Köln 2025.

*Naumer, Hans-Joerg:* Vermögensbildungspolitik. Wohlstand steigern – Ungleichheit verringern – Demokratie stärken, 2. Aufl., Wiesbaden 2024.

*Poelzig, Dörte (Hrsg.):* Kapitalmarktrecht. 3. Aufl., München 2023.

*Stark-Watzinger, Bettina:* Deutschland braucht mehr Börsengänge, NZG 2021, 658

*Swalve, Rebecca:* Special Purpose Acquisition Companies - Der alternative Weg an die Börse in Deutschland und in den USA, NZG 2021, 909-914.

*Veil, Rüdiger (Hrsg.):* Europäisches und deutsches Kapitalmarktrecht. 3. Aufl., Tübingen 2022.

*Veil, Rüdiger:* Kapitalmarktunion 2025 – Es ist Zeit für eine Kodifikation des Kapitalmarktrechts!, BKR 2024, 901-902.

*Volkmann, Frederike:* Das ZuFinG – Chancen für den Unternehmens- und Finanzstandort Deutschland. BB 2024, 1224-1229.

*Weber, Martin:* Die Entwicklung des Kapitalmarktrechts 2022/2023. NJW 2023, 963.

*Weber, Martin:* Die Entwicklung des Kapitalmarktrechts 2023/2024. NJW 2024, 939.

*Weitnauer, Wolfgang:* Handbuch Venture Capital. 7. Aufl., München 2022.

*Weitnauer, Wolfgang:* Manager- und Mitarbeiterbeteiligungsmodelle (Teil 1): Strukturen und Ausgestaltung, GWR 2023, 111-117.

*Weitzell, Andreas:* SPACs – Wo lauern die kapitalmarktstrafrechtlichen Risiken?, NZG 2021, 1145-1149.

*Wilhelm, Alexander:* Der Listing Act vor dem Endspurt: Zeitenwende am Kapitalmarkt für KMU?, BKR 2024, 747-756.

## B. Rechtsquellen, Rechtsverordnungen, Verwaltungsanweisungen und Parlamentaria

BMF-Schreiben vom 01.06.2024 - IV C 5 - S 2347/24/10001 Lohnsteuerliche Behandlung der Überlassung beziehungsweise Übertragung von Vermögensbeteiligungen ab 2024 (§ 3 Nummer 39, § 19a Einkommensteuergesetz (EStG)), BStBl 2024 I, 946.

BT-Drucksache 19/15118 vom 13.11.2019, Mitarbeiterbeteiligung erleichtern – In Start-ups und etablierten Unternehmen.

BT-Drucksache 19/14786 vom 06.11.2019, Eigentumsturbo – Mitarbeiterbeteiligung schnell durchsetzen.

BT-Drucksache 20/8292 vom 11.09.2023, Entwurf eines Gesetzes zur Finanzierung von zukunftssichernden Investitionen (Zukunftsfinanzierungsgesetz – ZuFinG).

BT-Plenarprotokoll 20/122 vom 21. 09.2023, Stenografischer Bericht. 122. Sitzung.

Bundesministerium der Finanzen: Eckpunkte für ein Zukunftsfinanzierungsgesetz vom 29.6.2022 abrufbar unter: https://www.bundesfinanzministerium.de/Content/DE/Downloads/Finanzmarktpolitik/2022-06-29-eckpunkte-zukunftsfinanzierungsgesetz.pdf?__blob=publicationFile&v=1 (Stand: 01.01.2025). (Zit.: BFM: Eckpunkte für ein Zukunftsfinanzierungsgesetz (Online)).

Deutscher Bundestag: Koalitionsvertrag 2021–2025 zwischen SPD, Bündnis 90/Die Grünen und FDP, abrufbar unter: https://www.spd.de/fileadmin/Dokumente/Koalitionsvertrag/Koalitionsvertrag_2021-2025.pdf. (Stand: 14.5.2024), S. 134.

## C. Internetquellen

*Berrar, Carsten; Rauch, Stephan:* SPACs: Von der Mode zur Alternative
Eine Bestandsaufnahme des deutschen und europäischen Markts, in: Das Kapitalmarktportal vom: 19.04.2022 abrufbar unter: https://www.goingpublic.de/being-public/spacs-von-der-mode-zur-alternative/#:~:text=B%C3%B6rseng%C3%A4nge%20von%20Mantelgesellschafte

n%20ohne%20operatives,an%20europ%C3%A4ischen%20B%C3%B6rsen%20inzwischen%20etabliert (Stand: 01.01.2025) (Zit.: Berrar/Rauch, SPACs: Von der Mode zur Alternative (Online)).

*Börse Frankfurt:* Auflistung aller Aktien im Segment Scale, in Börse Frankfurt abrufbar unter: https://www.boerse-frankfurt.de/equities/scale (Stand: 01.01.2025) (Zit.: Börse Frankfurt, Auflistung aller Aktien im Segment Scale (Online)).

*Börse Frankfurt:* KMU-Wachstumsmärkte, in Börsenlexikon abrufbar unter: https://www.boerse-frankfurt.de/wissen/lexikon/kmu-wachstumsmaerkte (Stand: 01.01.2025) (Zit.: Börse Frankfurt: KMU-Wachstumsmärkte (Online)).

*Börse Frankfurt:* SPACs – alternative Finanzierungs- und Anlageform, in: Börse Frankfurt vom: 20.04.2021 abrufbar unter: https://www.boerse-frankfurt.de/aktien/segmente/spacs (Stand: 01.01.2025) (Zit.: Börse Frankfurt, SPACs – alternative Finanzierungs- und Anlageform (Online)).

*Bortenlänger, Christine:* Wie der Kapitalmarkt in Deutschland gestärkt werden kann, in Handelsblatt vom 14.09.2023 abrufbar unter: https://www.handelsblatt.com/meinung/gastbeitraege/gastkommentar-wie-der-kapitalmarkt-in-deutschland-gestaerkt-werden-kann/29373660.html (Stand: 08.02.2025) (Zit.: Botenlänger, Wie der Kapitalmarkt in Deutschland gestärkt werden kann (Online)).

*Bundesministerium der Finanzen:* Die neue europäische Prospekt-Verordnung – ein Ausblick auf die kommenden Änderungen in: BMF Monatsbericht November 2017 vom: 11.2027 abrufbar unter: https://www.bundesfinanzministerium.de/Monatsberichte/2017/11/Inhalte/Kapitel-3-Analysen/3-3-Neue-Europaeische-Prospekt-Verordnung.html (Stand: 01.01.2025) (Zit.: BMF, Die neue europäische Prospekt-Verordnung – ein Ausblick auf die kommenden Änderungen (Online)).

Bundesministerium der Finanzen: Die neue europäische Prospekt-Verordnung – ein Ausblick auf die kommenden Änderungen vom: 31.11.2017 abrufbar unter: https://www.bundesfinanzministerium.de/Monatsberichte/2017/11/Inhalte/Kapitel-3-Analysen/3-3-Neue-Europaeische-Prospekt-Verordnung.html (Stand: 01.01.2025) (Zit.: BMF, Die neue europäische Prospekt-Verordnung – ein Ausblick auf die kommenden Änderungen (Online)).

BVK (European Data Cooperative): Volumen der Venture Capital-Investitionen in Deutschland von 2015 bis 2023 in: de.statista.com vom: 31.12.2023 abrufbar unter: https://de-statista-com.ub-proxy.fernuni-hagen.de/statistik/daten/studie/657682/umfrage/volumen-der-venture-capital-investitionen-in-deutschland/ (Stand: 01.01.2025) (Zit.: BVK (European Data Cooperative),Volumen der Venture Capital-Investitionen in Deutschland von 2015 bis 2023 in: de.statista.com (Online)).

*Deutsche Börse Group:* Die FWB Frankfurter Wertpapierbörse abrufbar unter: https://www.deutsche-boerse.com/dbg-de/maerkte-services/handel/frankfurter-wertpapierboerse/geschaeftsfuehrung (Stand: 08.02.2025) (Zit.: Deutsche Börse Group, Die FWB Frankfurter Wertpapierbörse (Online)).

*Deutsche Industrie- und Handelskammer:* "Listing Act Package" im EU-Amtsblatt veröffentlicht. Erleichterter Zugang zur Börse, vom: 18.11.2024 in: Deutsche Industrie- und Handelskammer abrufbar unter: https://www.dihk.de/de/-listing-act-package-im-eu-amtsblatt-veroeffentlicht-125908 (Stand: 01.01.2025) (Zit.: Deutsche Industrie- und Handelskammer, Erleichterter Zugang zur Börse (Online)).

*Deutsches Aktieninstitut:* Der Kapitalmarkt in Deutschland wird attraktiver, in: Pressemitteilungen vom: 17.11.2023 abrufbar unter: https://www.dai.de/detail/der-kapitalmarkt-in-deutschland-wird-attraktiver (Stand: 01.01.2025) (Zit.: Deutsches Aktieninstitut, Der Kapitalmarkt in Deutschland wird attraktiver (Online)).

*Deutsches Aktieninstitut:* Zukunftsfinanzierungsgesetz II setzt positive Impulse für den Kapitalmarkt, in: Positionspapiere vom: 16.09.2024 abrufbar unter: https://www.dai.de/fileadmin/user_upload/240913_Aktieninstitut_Stellungnahme_ZuFinG_II.pdf (Stand: 01.01.2025) (Zit.: Deutsches Aktieninstitut, Zukunftsfinanzierungsgesetz II setzt positive Impulse für den Kapitalmarkt (Online)).

*Dornbach:* Mitarbeiterbeteiligungsmodelle im Lichte des § 19a EStG n.F. abrufbar unter: https://www.dornbach.de/de/mitarbeiterbeteiligungsmodelle-im-lichte-des-%C2%A7-19a-estg-n-f.html (Stand: 01.01.2025) (Zit.: Dornbach, Mitarbeiterbeteiligungsmodelle im Lichte des § 19a EStG n.F. (Online)).

*Einbrodt, Marieke:* Deutsche werden wieder erfinderischer – vor allem in drei Bereichen, in Capital vom 19.03.2024 abrufbar unter: https://www.capital.de/wirtschaft-politik/rekord-bei-patenten--deutsche-werden-wieder-erfinderischer-34555150.html#:~:text=Im%20Ranking%20der%20europ%C3%A4ischen%20Staaten,im%20weltweiten%20Vergleich%20Platz%20zwei. (Stand: 01.01.2025) (Zit.: Einbrodt, Deutsche werden wieder erfinderischer – vor allem in drei Bereichen (Online)).

*Europäische Kommission:* Häufig gestellte Fragen: Erleichterung der Kapitalmarktfinanzierung für kleinere Unternehmen, in: Europäische Kommission vom: 24.05.2018 abrufbar unter: https://ec.europa.eu/commission/presscorner/detail/de/memo_18_3728 (Stand: 01.01.2025) (Zit.: EU-Kommission, Erleichterung der Kapitalmarktfinanzierung für kleinere Unternehmen (Online)).

*Frankfurter Allgemeine Zeitung (Hrsg.):* Führender Spac schließt vom 12.04.2023 abrufbar unter: https://www.faz.net/aktuell/finanzen/europas-groesster-spac-schliesst-ergebnislos-18816422.html (Stand: 01.01.2025) (Zit.: Frankfurter Allgemeine Zeitung (Hrsg.), Führender Spac schließt (Online)).

*Friedberg, Martin; Schrade, Jörg; Mohr, Martin:* Steuerliche Erleichterungen für Mitarbeiterbeteiligungen durch das ZuFinG in: CMS Blog vom: 28.08.2023 abrufbar unter: https://www.cmshs-bloggt.de/rechtsthemen/zukunftsfinanzierungsgesetz/steuerliche-erleichterungen-fuer-mitarbeiterbeteiligungen-durch-das-zufing/ (Stand: 01.01.2025) (Zit.:

Friedberg/Schrade/Mohr, Steuerliche Erleichterungen für Mitarbeiterbeteiligungen durch das ZuFinG (Online)).

*Germany Trade and Invest:* Deutschlands Start-up Ökosystem abrufbar unter: https://www.gtai.de/de/trade/specials/start-up-oekosystem-806410 (Stand: 01.01.2025) (Zit.: GTAI, Deutschlands Start-up Ökosystem (Online))

*Haufe Online Redaktion:* Neues zur Vermögensbeteiligung von Mitarbeitenden vom: 04.07.2024 abrufbar unter: https://www.haufe.de/steuern/finanzverwaltung/neues-zur-vermoegensbeteiligung-von-mitarbeitenden-am-unternehmen/neuregelungen-ab-2024-bei-mitarbeiterbeteiligungen_164_625762.html (Stand: 01.01.2025) (Zit.: Haufe, Neues zur Vermögensbeteiligung von Mitarbeitenden (Online)).

*Haufe Online Redaktion:* Steuerliche Förderung der Mitarbeiterkapitalbeteiligung vom 18.12.2024 abrufbar unter: https://www.haufe.de/personal/entgelt/zukunftsfinanzierungsgesetz-zur-mitarbeiterkapitalbeteiligung_78_594610.html (Stand: 01.01.2025) (Zit.: Haufe, Steuerliche Förderung der Mitarbeiterkapitalbeteiligung (Online)).

*Interessenverband kapitalmarktorientierter kleiner und mittlerer Unternehmen e.V.:* Pressemitteilung: Interessenverband Kapitalmarkt KMU begrüßt Vorstoß des BMF: „Das Zukunftsfinanzierungsgesetz ist ein erster notwendiger Schritt in die richtige Richtung“ vom 14.07.2022, abrufbar unter: https://www.kapitalmarkt-kmu.de/wp-4a2a8-content/uploads/2022/07/2022-07-14PM_Zukunftsfinanzierungsgesetz_mli.pdf Stand (08.02.2025) (Zit.: Interessenverband KMU, Pressemitteilung: „Das Zukunftsfinanzierungsgesetz ist ein erster notwendiger Schritt in die richtige Richtung“ (Online)).

*Interessenverband kapitalmarktorientierter kleiner und mittlerer Unternehmen e.V. (Hrsg.):* Pressemitteilung: Interessenverband Kapitalmarkt KMU diskutiert Auswirkungen des Zukunftsfinanzierungsgesetzes mit Experten des Finanzministeriums vom 17.11.2023 abrufbar unter: https://www.kapitalmarkt-kmu.de/wp-4a2a8-content/uploads/2023/11/PM_20231117_KMU-Talk-Zukunftsfinanzierungsgesetz.pdf (Stand: 01.01.2025) (Zit.: Interessenverband KMU, Pressemitteilung: Auswirkungen des Zukunftsfinanzierungsgesetzes (Online)).

*Kaserer, Christoph:* EU Listing Act – Gute Nachrichten für Wachstumsunternehmen, in: Betriebs-Berater 2023, Heft 25 vom: 19.06.2023 abrufbar unter: https://www.ruw.de/suche/bb/EU-Listi-Ac--Gu-Nachricht-fu-Wachstumsunternehm-60939e9ddb5bfec86a71fd1adb815c2e (Stand: 01.01.2025) (Zit.: Kaeser, EU Listing Act – Gute Nachrichten für Wachstumsunternehmen (Online)).

*Kaserer, Christoph:* Wie können Börsengänge für Startups in Deutschland erleichtert werden? Internationaler Vergleich und Handlungsempfehlungen. Studie im Auftrag des Bundesministeriums für Wirtschaft und Energie - erstellt durch Oxera und Prof. Dr. Christoph Kaserer, vom 27.09.2021 in: Oxera abrufbar unter: https://www.bmwk.de/Redaktion/DE/Publikationen/Studien/studie-wie-koennen-boersengaenge-fuer-startups-in-deutschland-erleichtertwerden.pdf?__blob=publicationFile&v=1 (Stand: 01.01.2025) (Zit.: Kaserer, Wie können Börsengänge für Startups in Deutschland erleichtert werden? (Online)).

*Koegler, Antonia:* KMU-Verband kritisiert hohe Prospektkosten in: DerTreasurer vom: 08.06.2022 abrufbar unter: https://www.dertreasurer.de/news/finanzierung/kmu-verband-kritisiert-hohe-prospektkosten-16392/ (Stand: 01.01.2025) (Zit.: Koegler, KMU-Verband kritisiert hohe Prospektkosten (Online)).

*Köhler, Peter:* Zahl der Börsengänge 2020 weltweit gestiegen – Deutscher IPO-Markt fällt ab, in: Handelsblatt vom: 22.12.2020 abrufbar unter: https://www.handelsblatt.com/finanzen/maerkte/aktien/neuemissionen-zahl-der-boersengaenge-2020-weltweit-gestiegen-deutscher-ipo-markt-faellt-ab/26740762.html?ticket=ST-2194116-9iiohtoAYsauzKB9o3fl-ap3 (Stand: 01.01.2025) (Zit.: Köhler, Zahl der Börsengänge 2020 weltweit gestiegen – Deutscher IPO-Markt fällt ab (Online)).

*Kornack, Daniel; Schnorbus, York:* Prospektrechtliche Anforderungen an SPACs und andere bestimmte Kategorien von Emittenten (Specialist Issuers) in: Betriebs-Berater 2022, Heft 29-30, 1667-1682.

*Lagarde, Christine:* Die Kapitalmarktunion neu denken, in Europäische Zentralbank vom: 17.11.2023 abrufbar unter: https://www.ecb.europa.eu/press/key/date/2023/html/ecb.sp231117~88389f194b.de.html (Stand: 01.01.2024) (Zit.: Europäische Zentralbank, 2023, Die Kapitalmarktunion neu denken (Online)).

*Roedel & Partner:* EU Listing Act – Steigerung der Attraktivität des Kapitalmarkts (Teil 1: Allgemeine Darstellung und Änderungen im Prospektrecht) vom: 17.06.2024 abrufbar unter: https://www.roedl.de/themen/ma-dialog/2024-07/eu-listing-act-steigerung-attraktivitaet-kapitalmarkts (Stand: 01.01.2025) (Zit.: Roedel & Partner, EU Listing Act – Steigerung der Attraktivität des Kapitalmarkts (Online)).

*Sachverständigenrat (Hrsg.):* Wachstumsschwäche überwinden – In die Zukunft investieren. Jahresgutachten 2023/24 abrufbar unter: https://www.sachverstaendigenrat-wirtschaft.de/fileadmin/dateiablage/gutachten/jg202324/JG202324_Gesamtausgabe.pdf (Stand: 01.01.2025) (Zit.: Sachverständigenrat, 2023, Sachgutachten 2023/24 (Online)).

*Startup Verband:* Stellungnahme zum Zweiten Zukunftsfinanzierungsgesetz (ZuFinG II) vom 09.2024 abrufbar unter: https://startupverband.de/fileadmin/startupverband/mediaarchiv/Politik/Startup-Verband_Stellungnahme_ZuFinGII.pdf (Stand: 01.01.2025).

*Startup-Insider:* SPACs – der schnelle Weg Richtung Börse für Startups? vom: 18.03.2024 abrufbar unter: https://www.startup-insider.com/article/spac-schnelle-weg-richtung-boerse-startup (Stand: 01.01.2025) (Zit.: Startup Insider, SPACs – der schnelle Weg Richtung Börse für Startups? (Online)).

*Startup-Verband (Hrsg.):* Next Generation Startup-Neugründungen in Deutschland Januar – Dezember 2023, abrufbar unter: https://startupverband.de/fileadmin/startupverband/mediaarchiv/research/Next_Generation_Report/Next_Generation_Startup-Neugruendungen_in_Deutschland_2023.pdf (Stand: 01.01.2025) (Zit.: Startup-Verband, Next Generation Startup-Neugründungen in Deutschland Januar – Dezember 2023 (Online)).

*World Bank Group:* Market capitalization of listed domestic companies (% of GDP) - Germany, United States, World, in World Federation of Exchanges database abrufbar unter: https://data.worldbank.org/indicator/CM.MKT.LCAP.GD.ZS?end=2022&locations=DE-US-1W-EU&start=1975&view=chart (Stand: 08.02.2025) (Zit.: World Bank Group, Market capitalization of listed domestic companies (% of GDP) - Germany, United States, World (Online)).

*World Federation of Exchange:* Equity - Domestic market capitalisation (USD millions), in: de.statista.com vom: 31.12.2023 abrufbar unter: https://de-statista-com.statistik/daten/studie/166142/umfrage/groesste-boersenbetreiber-nach-marktkapitalisierung-gelisteter-unternehmen/ (Stand: 01.01.2025) (Zit.: World Federation of Exchange, Domestic market capitalisation (USD millions) in: de.statista.com (Online)).